禅者的初心

[日]铃木俊隆 著　　黄菡 译

陕西新华出版
太白文艺出版社·西安

果麦文化 出品

献给我的祖师

玉润祖温大和尚

序言

" ....

是智慧在追寻智慧。"

禅者的初心

" ....

初学者的心是开放的,而行家的心是收紧的。"

人们说修禅很难,但说到为什么难却常有误解。难的不是交脚坐的姿势或达到开悟,难的是从根本意义上保持我们的心和我们修行的纯净。自打禅宗在中国出现,禅学院发展出了各种修行方法,但与此同时,禅修却变得越来越不纯净。我不想在这里谈论中国禅宗或禅宗的历史,我关注的是帮助你远离不纯净的修行。

日语里有个词叫"初心",意思是"初学者的心"。修行的目标是永远保持我们这颗初心。想象一下诵读

《般若波罗蜜多心经》，如果只读一遍，感觉一定很好。但如果读第二遍、第三遍、第四遍，甚至更多遍，感觉会是怎样的呢？你可能会丢掉对它最初的态度。同样的情况也会发生在其他禅修活动中。你能够在一段时间里坚持初心，但如果继续修习一年、两年、三年或更久，你可能获得一些进步，但也容易丢失本心蕴含的无限可能。

学禅的人最要避免的是进入二元化。我们的"本心"内含万物，它本自具足。你不应丢失心的自足状态。这不是说一颗关闭的心，而是一颗空的心、准备接受的心。如果你的心是空的，它可以随时接受任何事物；它向所有的事物开放。初学者的心是开放的，行家的心是收紧的。

分别心太重，是自我束缚。太过苛刻和贪婪，你的心便不会丰饶富足。而失去了本自具足的心，我们会失守所有的戒律。当你的心变得苛责，当你有所渴求，最终你会违反自己的戒律：不说谎，不偷盗，不杀生，不邪淫，等等。假如你能守住本心，戒律就能自保。

初学者心里没有"我已经获得了什么"的思想。所有自我中心的思想都将限制我们本无边限的心。当我们没有"成就"的思想,没有"自我"的思想,我们就是真正的初学者了。到那时我们才能真正学到些什么。初学者的心是慈悲的心。当我们的心满含慈悲,它将无限辽阔。道元禅师是我们学派的始祖,他总是强调重拾我们无边限的本心的重要性。如此,我们方能永远直面自己,同情众生,也才能切实修习。

所以,最大的困难在于始终保持你的初心。没必要去深究禅。即便你读了很多禅宗经典,依然必须用一颗鲜活的心去读每一句话。你不应说,"我知道禅是什么了",或者"我开悟了"。这也是禅修艺术的真正奥秘所在:永远做一个初学者。千万切记这一点。假若你开始修禅,你将开始欣赏自己的初心。这是禅修的奥秘。

目录

第一部分　**正确的修习**

姿势　　　　　　　003

呼吸　　　　　　　009

控制　　　　　　　014

心的波动　　　　　018

心中杂草　　　　　021

禅之精髓　　　　　024

非二元论　　　　　029

顶礼　　　　　　　034

平常事　　　　　　039

第二部分　**正确的态度**

一心一意　　　　　　　045

重复　　　　　　　　　049

禅与激情　　　　　　　052

正确的努力　　　　　　055

不留痕迹　　　　　　　060

拜神所赐　　　　　　　065

修习中的错误　　　　　071

限制你的活动　　　　　076

认识你自己　　　　　　079

磨砖　　　　　　　　　085

坚定　　　　　　　　　091

沟通　　　　　　　　　096

消极与积极　　　　　　102

涅槃，瀑布　　　　　　106

第三部分 | **正确的认识**

禅的传统精神	113
无常	118
存在的本质	122
自然	127
空	132
准备,正念	137
相信"无"	141
执,不执	146
平静	151
是体验,不是哲学	154
原初佛教	157
意识之外	161
佛陀的开悟	167

结 语 | 禅心   171

第一部分

正确的修习

> 禅修是我们真实本性的直接表达。严格地说,对人类而言,没有其他修习可堪比拟;没有其他生活方式可堪比拟。"

姿势

> " 这些形式并不是获得正确心态的手段，采用这个坐姿本身就是获得了正确心态。没有必要再去追求某种特殊的心态。"

现在我想谈谈打坐的姿势。当你选择结跏趺坐，你把左脚放在右大腿上，右脚放在左大腿上。当我们像这样交叉双腿时，尽管我们有左右两条腿，它们却浑然一体了。这个姿势表达了二元合一：不是二，也不是一。这是最重要的教法：不是二，也不是一。我们的身和心不是二，也不是一。假如你认为你的身和心是二者，那你错了；假如你认为它们是同一个，那你也错了。我们的身和心既是二，也是一。我们经常这样想，如果某个东西不是一，那它就大于一；如果它不是单数，那就是复数。但在实际经验中，我们的生命不仅是复数，同时也是单数。我们每个人都是既相互独立又相互依赖的。

若干年后我们都会离开人世。如果认为死亡就是生命的终结，那就错了。但是反过来，如果认为生命没有死亡，那也错了。我们将死，我们又将不死。这才是正确的理解。也许有人说逝去的只是肉体，而我们的心与精神不灭。但这不完全对，因为身与心都有尽头。而同时，它们确实都可以永续。尽管我们分别说着身与心，但它们是一枚硬币的两面。这是正确的理解。如此，我们选择这种坐姿是象征了这样一个道理。当我把左脚放到身体的右侧，而把右脚放到身体的左侧，我便分不清谁是左谁是右了。如此左便是右、右便是左。

谈到打坐的姿势，最重要的是保持脊柱挺直。耳朵和肩膀应该在一条直线上。放松肩膀，后脑勺向上朝向天花板。下巴向回收。如果下巴是向上的，那你的坐姿就没有力量；你可能是睡着了。同样是为了坐姿有力量，可以将横膈膜下压丹田或下腹部。这将有助于你保持身体和精神的平衡。当你试图保持这个姿势时，起初会感觉很难自然呼吸，但习惯之后，你的呼吸会自然而深长。

你的双手应该结"禅定印"。左手放在右手上面，左右中指的中间指节相触，大拇指轻轻相接（好像你在它们中间夹着一张纸），你的手比画出一个美妙的椭圆形。你要极为专注地保持这个常见的手印，就好像双手在捧着一个珍贵的东西。双手应该贴住身体，大拇指大约位于肚脐高度。保持手臂自由而放松，微微离开身体，就像你两边腋下夹着鸡蛋，不要压碎它们。

你的身体不要歪向一侧，不要后仰或前倾。你要坐得笔直，就像要用头颅去支撑天空。这不只是形式或呼吸，它传递了佛法的核心要义。它是你佛性的完美展现。如果你想真正理解佛法，就应该这样修习。这些形式不是获得正确心态的手段，采用这样的坐姿本身便是修习的目标。当你有了这样的坐姿，就有了正确的心态，就不再需要达到什么特别的状态。当你试图去得到什么，你的心就开始四处游离。当你无所祈求，你的身心便安居当下。一位禅师会说："遇佛杀佛！"如果佛不在当下，那就遇佛杀佛（禅宗的一种修习方法，意在打破对佛的执着，以达到心灵的自由和解脱）。遇佛杀佛，你才能重见自己的佛性。

我们的本性体现在行事之中。我们的存在不为其他，是为我们自身。这是我们遵守的形式中蕴含的基本佛法。恰如静坐，我们立于禅堂有相应的规矩。但是立规矩不是为了整齐划一，是为了使每个人都能最自由地表达他的自我。例如，每个人都有自己的站立姿势，这种站姿是由每个人的身体比例决定的。当你站立，脚跟间距应为一拳左右，大脚趾与乳尖呈一直线。像坐禅一样，力量沉于腹部。同样地，你的双手也应当有自我表达。左手抵胸，四指握住大拇指，右手置于其上，大拇指向下，两侧小臂与地面平行，你的感觉是环抱着一些圆柱——庙宇中的大圆柱——这样你的身体就不会向下耷拉或向一侧歪斜。

这里最重要的点是控制住自己的身体。身体坍塌了，自我也将丢失，你的心将四处游离；你无法安住在自己的身体里。此非正道。我们必须活在当下，当下！这是关键所在。你必须拥有自己的身与心。万物皆应各得其所，各得其法。然后诸事平顺。好比我用的麦克风，如果我说话时它在别处，那它就发挥不了作用。如果我们安顿了我们的身与心，其他诸事便各得其所，各得其法。

但我们通常意识不到这一点，我们试图改变自身之外的东西，试图去处置身外之物。如果自身杂乱无章又怎能使身外井然有序。如果自己能在正确的时间正确行事，则诸事皆得安顿。你是"大老板"，老板安睡，诸事平息；老板行事正确，则众人行诸事皆无意外。这是佛法奥义。

所以，你要一直努力保持正确的姿势，不只是在修禅的时候，而是在所有的行动中。开车时要采取正确的姿势，阅读时也一样。如果你以一种颓废的姿势读书，就很难保持长时间的清醒。去试一下，你会发现保持正确的姿势有多么重要。这是真实的教法。写在书上的教诲未必是真实的教法。书上的道理是你大脑的一种养料。为大脑补充养料当然是必需的，但通过正确生活的修习成为你自己是更重要的。

这就是为什么佛陀不能接受他那个时代已经存在的各种宗教。他学习了许多宗教，但对这些宗教的修习都不满意。他无法在苦行或哲学中找到人生答案。他感兴趣的不是某些形而上的存在，而是此处与此刻自己的身与心。当他发现了自身的时候，他也发现了众生的佛性。这就是他的开悟。开悟不是某种愉悦的感觉或某种特殊的心的状态。你以正确的姿势坐着，那时的心的状态本身就是开悟。假如你对自己打坐时心的状态不满意，这说明你的心仍然在四处游离。我们的身不摇动、心不游离。保持着这种姿势便无须讨论何为正确的心态。你已然具备了它。这就是佛法的结论。

呼吸

"
我们所说的'我'不过是摆动在一呼一吸之间的一扇门。"

坐禅时我们的念头总是伴着呼吸。我们吸气,空气进入内部世界。我们呼气,空气排出到外部世界。内部世界是无限的,外部世界同样是无限的。我们说"内部世界"或"外部世界",而实际上只有一个整体世界。在这个无限的世界里,我们的喉咙好似一扇摆动的门。空气进出就像一个人在通过这扇摆动的门。假如你认为是"我在呼吸",那么这个"我"是多余的。这里没有在说"我"的你。我们所说的"我"不过是摆动在一呼一吸之间的一扇门。它只是运动；这就是全部。当你的心足够纯净和安静地跟随这个运动，这里就空无一物：没有"我"，没有世界，没有心或身；只有一扇摆动的门。

所以，在我们坐禅的时候，只存在呼吸的运动，而我们觉知着这种运动。你不应分心走神。不过，觉知这种运动并不是觉知你的小我，而是你的一般本性或佛性。这种觉知非常重要，因为我们通常是片面的。我们对生活的一般理解往往是二元化的：你和我，这个和那个，好和坏。而这些分别心实际上是自身对普遍存在的觉知。"你"意味着以你的形式体验到的宇宙，而"我"意味着以我的形式体验到的宇宙。你和我只是摆动的门。必须有这种理解。这甚至不应叫作理解；它是禅修带来的真实的生命体验。

所以，在你坐禅的时候，时间和空间观念是不存在的。你可能会说："我们五点三刻开始在这个房间坐禅。"这样你就有了一些时间观念（五点三刻），和一些空间观念（在这个房间）。然而，其实你要做的，只是坐着并去觉知普遍的运动。这就是全部。这一刻，摆动门朝着这个方向打开；下一刻，它朝着相反的方向打开。一刻又一刻，我们每个人重复着这个活动。这里没有时间或空间的观念。时空是一体的。你可能会说"我今天下午得做点事"，而实际上没有"今天下午"。我们一件事接着一件事地做，这就是全部。不存在"今天下午"或"一点"或"两点"这样的时间。下午一点时你将吃午餐。吃午餐这件事本身就是在下午一点钟。你将在某个地方，而那个地方无法与下午一点钟分割开来。对真正享受生活的那些人来说，它们是同一件事。而当我们厌倦了生活就可能会说："我不该到这个地方来，到别的地方吃午餐可能会更好，这个地方不怎么样。"你在念头里制造了一个与实际时间分割开来的空间观念。

或者你可能会说："这件事不好，我不该这样做。"实际上，当你说"我不该这样做"时，你正在做不要做的事。所以，你别无选择。当你分割了时空观念，你感觉似乎自己可以选择，而实际上，你必须做某件事或不做某件事。而不做本身就是另一种做。好与坏只存在于你的意识之中。所以我们不必说"这是好的"或"这是坏的"。你不如用"不做"来代替说"这是坏的"。"这是坏的"的念头会使你产生困扰。因此，在纯粹的宗教层面上，不存在好和坏、时间和空间的困扰。我们要做的全部就是，事情来了就去做，好好去做！无论什么，接受它，哪怕它是"不做"。我们要活在当下。于是，当我们坐着，关注着呼吸，我们变成一扇摆动的门，做着该做的事，必须做的事。这就是禅修。这种修习没有困扰。假若你能这样生活，烦恼便无从发生。

著名禅师洞山说过："青山白云父，白云青山儿。终日两相依，各自却独立。白云是白云，青山是青山。"[1] 这是对生命透彻而清晰的解读。许多事物间的关系就像青山和白云：男人和女人，老师和弟子。他们是相互依存的。但白云不会为青山所困，青山不会为白云所扰，它们是各自独立的，却又相互依赖。这就是我们生活的样子，我们坐禅的样子。

当我们成为真实的自我，我们就会变成一扇摆动的

---

[1] 此诗原为唐代隐山和尚与洞山良价禅师答问时所作《示洞山偈》："青山白云父，白云青山儿。白云终日依（一作倚），青山都（一作总）不知。欲知此中意，寸步不相离。"见《祖堂集》卷二〇《隐山和尚章》。

门，我们纯然独立，同时与万物相连。离开空气我们无法呼吸，芸芸众生无不在大千世界。我们永远位于世界的中心，每时每刻。所以，我们完全是既相互独立，又相互依赖的。如果你能有这种感受，能有这样的存在，你就能彻底独立，不会为任何事情所困。所以，当你修禅时，心要集中在呼吸上。这种活动是宇宙万物最基本的活动。没有这种体验、这种修习，便不可能得到彻底的自由。

控制

" ....

要驯养你的牛羊,就给它们一片辽阔的草地。"

活在佛性之中意味着小我的逝去,一刹那又一刹那。当我们失去了自身的平衡我们会死去,但同时也可以发展自我,自我成长。我们看到的一切都在变化,失去它们的平衡。万物看起来美丽是因为它们处于失衡状态,但它们的背景却总是完美和谐的。不断在完美和谐的背景中失去自身的平衡,这就是万物在佛性之中存在的方式。所以如果你脱离佛性的背景看众生,众生看起来尽在受苦。但是假如你认识到众生受苦存在的背景,你就会理解受苦本身就是生命的形式,就是我们延续生活的形式。所以,在禅中,有时我们会强调生命的失衡与失序。

日本的传统绘画时下已日渐形式化并失去生命力。这是现代艺术得到发展的缘起。古代画家曾试图把墨点涂在纸上以表现艺术的无序。这相当困难。尽管你想做到无序,但往往还是会落入某种秩序。你以为你可以掌控,但实际上你做不到;让墨点落在秩序之外几乎是不可能的。在操心日常生活时也是一样的情况。尽管你希望每个人都中规中矩,但实际上是不可能的。你控制不了这些。控制人最有效的方式是鼓励他们自由自在,这样他们会在更宽泛的意义上被控制。要驯养你的牛羊,就给它们一片辽阔的草地。对人类而言也是一样:最好的策略是先让他们为所欲为,你在旁边看守。置若罔闻不行,这是最差的策略。第二差的策略是试图控制他们。最好的做法是看守他们,仅仅是看守,不要试图控制他们。

你也可以用同样的方式对待自己。假如你想在坐禅时达到彻底平静,就不要因为察觉到了心中的各种念头而起困扰。让它们来,让它们去。这样它们渐渐就被控制了。但这个策略做起来并不容易。它听起来简单，其实需要一些特殊的努力。如何做出这些努力就是修习的奥秘了。想象你自己坐在一些极不寻常的情境中。假如你努力让自己的心平静下来，那你就很难坐着，假如你努力不让自己被打扰，那你的努力就是不正确的。能够帮助到你的唯一正确的努力就是数自己的呼吸，或者是集中关注自己的吸气和呼气。我们说"集中注意力"，但将注意力集中在某件事情上并不是禅的真正目的。真正的目的是看到事情的本然，观察事物的本然，让所有事情顺其自然。这就是更宽泛的意义上的控制。禅修是打开我们的小我的心。所以，"集中注意力"只是为了帮助你意识到"大心"，或众生之心。如果想要知道禅之于日常生活的真正意义，你就必须理解注意力集中在呼吸上的意义和坐禅时保持正确姿势的意义。你应该遵循修习的规矩，你的学习应该日益精微细致。只有这样你才能体会到禅的无上自由。

道元禅师说过："时间，从现在走向过去。"这很荒谬，但在我们的修习中它有时又是真实的。时间不是从过去走到现在，而是从现在走回过去。中世纪的日本有个著名的武士源义经。当时他被派往北方地区，最终战败而死。临行前，他向妻子告别，妻子随即作了一首和歌："君欲纺轴倒卷，我盼昔日重来。"当她如此说时，昔日便已重现。往日在她心中重生，过去即是此刻。这就是道元所说："时间，从过去走到现在"。在我们的逻辑思维中这是不真实的，但在实际体验中过去就是可以成为现在。在这里我们有诗为证，有生活为证。

当我们体验到这种真实便意味着我们找到了时间的真正意义。时间不间断地从过去走到现在，从现在走向未来。这是真实的，但同样真实的是，它从未来走到现在，从现在走向过去。一位禅宗大师曾经说过："向东一英里，就是向西一英里。"这是无上的自由，我们应该去获得这样的自由。

但是，离开规则便没有真正的自由。人，尤其是年轻人，认为自由就是为所欲为，在禅中应该无拘无束。但是，我们绝对需要约束。不过这绝不意味着始终被控制。一旦你有了规矩，你就有机会获得自由了。企图撇开规矩求自由将一无所得。我们修行坐禅就是为了获得这种完美的自由。

心的波动

> "因为我们将生命的方方面面都视为大心展现的一切,所以我们不沉迷于任何过度的享乐。于是我们拥有不受扰动的平静。"

修禅时,不要试图停止思想。任由它自己熄灭。如果心里有念头生起,就任它来,任它走。它不会停留太久。当你试图停止思想,说明你已为思想所困扰。不要为任何事困扰。看起来念头是由外而入的,实际上它只是你的心的波动,假如你能不为心的波动所困,渐渐地它们会越来越平静。五分钟,最多十分钟,你的心就将彻底安详宁静。那时你的呼吸会变得很慢,而脉搏会稍快一些。

在修习中，你要过很久才会发现你的心安详宁静了。感觉纷至沓来，思绪与想象涌起，但它们都只是你自己的心的波动。没有什么是心外之物。我们惯常将自己的心理解为从外部接受影响与经验，但这是对心的误解。正解是心生万物；你以为有念头由外而入时，那不过是有念头浮现在你的心头。困扰不会来自自身之外。激起心的波动的是你自己。假如你让心自处自在，它就会渐渐平静。这样的心叫作大心。

假如你的心牵连了外界，这样的心就是小我的心，是一颗有限的心。假如你的心与外界全无交涉，心的活动就不会存在二元性认识。认识活动不过是心的波动。大心体会万物于自身。你是否能区分这两种心：包罗万物的心，与某物牵连的心？实际上它们是同一颗心，但是认识不同，而你有怎样的认识就会对应怎样的生活态度。

万物皆在心中，这是心的本质。体会到这一点就有了宗教感。虽然会起涟漪，但心的本质是纯净的，就像微波荡漾的清水。事实是，水上总有微澜。涟漪是水的修行。没有水的涟漪，和没有涟漪的水皆是幻象。水和涟漪是合一的。大心和小我的心是同一颗心。如果能这样理解你的心，你就有了一些安全感。这样你的心便不会期待任何外部的东西，它总是充实的。一颗有涟漪的心不是困惑的心，实际上它是一颗扩充了的心。因而无论经历什么都是大心的展现。

　　大心通过各种各样的体验来扩充自身。从一种意义上讲，体验层出不穷，它们总是新鲜新奇的；但在另一种意义上，它们除了是一颗大心不断地、重复地呈现，别无他意。举个例子来说，假如你吃到了什么好吃的早点，你会说，"这个好吃"。"好吃"是建立在许久之前、你甚至记不得是何时的某个印象之上的。我们用大心接受了每一个经验，就像在镜中的影像里认出了我们自己的面孔。我们不担心自己会丢掉这颗心。这里没有来去，这里没有对死亡的恐惧，没有来自衰老和疾病的苦痛。因为我们将生命的方方面面都视为大心展现的一切，所以我们不沉迷于任何过度的享乐。于是我们拥有不受扰动的平静，带着大心的这种不受扰动的平静，我们坐禅。

心中杂草

" ──────────────────────────────────

你甚至应该感谢心中杂草,因为它们终将滋养你的修行。"

闹铃在清晨响起,然后你起床,我猜你的感觉不会太好。在这时候去坐着可不是件容易的事,甚至到了禅堂开始坐禅之后你还得鼓励自己要好好坐。这些正是你的心的涟漪。在纯净的坐禅中应心无涟漪。在你坐着的时候,这些涟漪将渐行渐息,你的努力也会化作一些精微的感觉。

我们说,"拔除杂草为植物施肥"。我们把杂草拔掉、埋在植物旁边便滋养了植物。所以,虽然在修习中你会遇到一些困难，虽然在坐着时心中有一些杂念，但这些涟漪本身却会帮助到你。所以，不必为你的心困扰。你甚至应该感谢心中杂草，因为它们终将滋养你的修行。心中杂草如何成为精神养料，假如你有过一些这样的体验，你的修习就会有明显的进步。你会感觉到这种进步。你会感觉到它们如何变成自我滋养。当然，从哲学或心理学来解释我们的修习并不难，但这还不够。我们还需要切身体会我们的杂念如何成为滋养。

严格说来，我们在修习中做任何努力都是不当的，因为它们会催生心之涟漪。然而，达到心的彻底平静又不可能离开努力。我们必须努力，但我们必须在努力中忘掉自己。在这里，没有主体，没有客体。我们的心是平静的，甚至没有任何意识。在这种无所意识中，所有的努力、念头、思想都将消失。所以我们要鼓励自己，坚持达到最后这个时刻，所有的努力都消失了的时刻。你要把心放在呼吸上，直到对呼吸的意识消失。

我们要做的是，不断保持努力，同时不要心心念念去达到"忘乎一切"的阶段。我们只要努力把心放在呼吸上，那就是我们切实的修习。随着你不断地打坐，努力会愈见成效。起初，你所做的努力可能还比较粗糙和不纯净，但是通过不断修习，你的努力将会变得越来越纯净。当你的努力变得纯净时，你的身心也将纯净。这就是我们的修禅之道。一旦你理解了我们固有的净化自己和周围环境的力量，你就能够正确地做事，向周围的人学习，与他人友好相处。这是禅修的功德。修行之道仅仅是关注你的呼吸，保持正确的姿势，付出极大的、纯净的努力。这就是我们的修禅。

禅之精髓

> "在禅坐姿势中,身心具有接受所有事物本然的强大力量,无论是如意的还是不如意的。"

在我们的经典《杂阿含经》第三十三卷里有这样一种说法,马有四种:优者,良者,中者,劣者。最好的马在驾驭者举鞭之前便可称心如意地或快或慢,或左或右;第二等的马跑得跟前者一样好,只是要看到马鞭落下方知主人意图;第三等的马需要马鞭加身知其痛后才跑;第四等的马不到痛入骨髓不知起跑。可想而知,你要第四等的马学会奔跑对它来说有多难。

在听这个故事时,几乎所有人都想成为最好的马。

如果成为最好的那匹马实在太难，那就退而求其次。我想，人们通常会这样理解这个故事，这样理解禅。你或许会想，坐禅的时候，我会弄清楚自己是匹良马还是匹劣马。但这却是对禅的误解。如果你认为禅修的目的是把自己训练成一匹最好的马，那你就有了大问题。这不是正见。如果你走在修禅正道上，那么是优者还是劣者便无关紧要。如果你以佛的慈悲为念，你认为佛会如何看待这四种马？他会同情劣者更多于优者。

当你决意以佛的大心来修禅，你会发现具有最大价值的是劣马。正因为你远非完美，你才有了坚定的求道之心。那些坐禅时身姿妥帖的人通常把更多的时间放在获得禅的真法、禅的切实感受、禅的精髓上。而觉得修禅很难的人却能在其中获得更多。所以我以为，有时良马倒是劣马，劣马倒是良马。

如果学书法，你也会发现，最后成为大书法家的往往不是那些最聪明的人。那些心灵手巧的人在达到某个阶段后会发展受阻。在艺术和禅修中如此，在生活中也是如此。所以谈到禅修时我们不可以说"他很好"或

"他不好"这一类的话。我们每个人坐禅时的姿势是不一样的。有些人可能无法做到交脚坐。但你生发真切的求道之心时,即便无法采用正确的姿势,你依然可以在真实的意义上修禅。实际上,打坐有困难的人往往比容易做到的人更多生发真切的求道之心。

当反思自己在每天的生活里做了些什么时,我们常感惭愧。我的一位学生写信给我说:"您送了我一本日历,我试着遵照每页上的座右铭去做,但几乎从这一年刚刚开始,我就失败了!"道元禅师说过:"将错就错。""错"的意思通常是"失误"或"错误"。"将错就错",意味着一个接一个地错,或者连续错下去。在道元看来,将错就错也可以是禅。一位禅宗大师的生活可以被说成是这么多年来的"将错就错"。这也意味着这么多年来的一心一意。

我们说:"一位好父亲不是一位好父亲。"你能理解吗?一个人自认为是好父亲便不是好父亲;一个人自认为是好丈夫便不是好丈夫。如果一个人认为自己是个最不好的丈夫,因而一心努力成为好丈夫,他倒更可能是个好丈夫。假若你因为疼痛或身体原因而无法打坐,那你可以以任何姿势打坐，使用厚的蒲团或者椅子。即便你是最差的那匹马，你依然可以得到禅的精髓。

想象你的孩子承受着绝症的折磨。你不知所措，寝食难安。最安逸的处所通常是温暖的床榻，但此刻的你心如刀绞，无法安息。你可能四处徘徊、进进出出却无济于事。实际上，排遣心痛的最好办法莫过于打坐，哪怕是在这种混乱的心境中、用糟糕的姿势。如果你没有经历过这种艰难情境中的打坐你就不是禅弟子。没有什么别的行动更能安抚你的苦痛。其他的放松姿势不能给你力量去接受你的苦难，而在禅坐姿势中，经过长期刻苦的努力，你的身心具备了接受所有事物的本然的强大力量，无论是如意的还是不如意的。

当你觉得不如意时，打坐是好的选择。别的做法都无法让你接纳问题并面对它。无论你是良马还是劣马，无论你的姿势正确还是错误，这些都不成问题。每个人都可以修禅，以修禅来面对自己的问题、接受自己的问题。

当你坐在自己的问题当中，哪一点对你来说更真实？是你遇到的问题还是你自身？意识到你在此处、当下,这是终极事实。这是禅修将向你揭示的要点。经过不断修习,经过一系列如意和不如意的境况,你将洞察禅的精髓,得到它真实的力量。

非二元论

> 止息心念并不是停止心的活动。它意味着你的心和整个身体交相融汇。你将全部心念结成你的手印。"

我们说修习不应有获得心，不应有任何期待，哪怕是开悟的期待。但这并不意味着漫无目的地坐着。修习不应有获得心是以《般若波罗蜜多心经》的教诲为基础的。然而，如果不够认真仔细，它本身便会令你有获得心。《心经》说："色即是空，空即是色。"如果执着于此，你就可能陷入二元性思维：一边是你，色；一边是空，是你试图透过你的实相去理解的空。所以"色即是空，空即是色"仍然是二元性的。但幸运的是，我们的教法继续说道："色即是色，空即是空。"这样就不是二元论的了。

打坐时，如果我们仍然在努力止息心念，并且发现很难做到，这个阶段是"色即是空，空即是色"。但如果你沿着这条二元化道路继续修行，将会日渐与目标合而为一。当修习变得不再费力时，你就能止息心念了。这是"色即是色，空即是空"的阶段。

止息心念并不是停止心的活动。它意味着你的心和整个身体交相融汇。你的心念随着呼吸而动。你将全部心念结成手印。你全神贯注地坐着，双腿酸痛但不为所扰。这就是不带获得心的打坐。起初你感觉姿势带来了一些限制，但当你不再被限制所扰动时，你就体会到了"空即是空，色即是色"的意蕴。在某些限制之下找到自己的路，这便是修行之道。

修习并不意味着你做任何事包括躺下来都是坐禅。当你所受的限制不再能限制你时，这是我们所说的修习。如果你说，"无论我做什么都是佛性，所以我怎么做都没关系，因此我不需要坐禅了"，那就是对我们日常生活的二元化理解了。假如这真的不重要，那你连这句话都不用说。只要你还关注自己在做什么,那就是二元化的。假如你不关注自己在做什么,你就不会这样说。你打坐便打坐,吃饭便吃饭。就是这样而已。假如你说"这不重要",这便意味着你在为小我的心要自己做的事找理由。这说明你执着于一些特殊的事情或方式。这与我们所说的"只管打坐",或者"所做皆是修行"不是一个意思。当然,我们所做的一切皆是修行,但既然如此,便不必言说。

当你坐着,你应该只是坐着,不受腿的酸痛与睡意打扰。这才是坐禅。但起初,接受事物的本然是一桩很困难的事。你将为修习中的感受而苦恼。当你能够做所有事,无论好坏,而不为感觉所困所恼,那才真是我们所说的"色即是色,空即是空"。

当你为癌症之类的疾病所折磨,意识到自己活不过两三年,因而去寻找某种依靠,你可能会开始修习。有人可能寻找上帝的帮助。有人可能开始禅修。他的修习将关注如何让心空下来。这便是如何让心摆脱二元化的折磨。这是"色即是空,空即是色"的修习。因为有空的信念,他希望在生命中真实地体验它。如果他按照这种方式修习，相信并付出努力，这当然会有帮助作用，但这不是完满的修习。

懂得生命短暂，于是日复一日、每时每刻地享受生活，这是"色即是色，空即是空"的生活。佛陀来时，你将欢迎他的到来；魔鬼来时，你将欢迎他的到来。著名的中国禅宗大师马祖说过："日面佛，月面佛。"他生病的时候有人问他："你怎么样啊？"他回答说："日面佛，月面佛。"这是"色即是色，空即是空"的生活。这没有问题。活一年是好的，活一百年也是好的。如果你继续我们的修习，你将会到达这个阶段。

修习的最初阶段会有各种问题，你需要付出努力才能坚持下去。对于初学者来说，不付出努力便不是真的修习。对于初学者来说，修习需要付出很大努力。特别是年轻人，达成某些目标需要付出极大努力。你们必须尽最大可能去伸展双臂和双腿。色即是色。你必须忠实于自己的道路，直到最终真正到达这一刻，即领悟到要完全忘我。在到达这一刻之前，诸如无论做什么都是修禅或是否修习无关紧要的思想都是完全错误的。但是，如果你尽最大努力、全身心投入修习，不带获得心，那样的话无论你做什么都是真正的修习。你的目标应该是坚持下去。做事情时,你的目标应该是只管去做。色即是色,你就是你,真正的空性将会在你的修习中得以呈现。

顶礼

> 顶礼是一种非常严肃的修习。你应该做好顶礼的准备，甚至在生命的最后时刻。虽然我们很难摆脱来自自我中心的渴念的束缚，但仍然要努力摆脱。我们的真实本性希望如此。"

坐禅结束后要向地面顶礼九次。我们用顶礼来放下自我。放下自我意味着放下我们的二元化思想。所以顶礼和坐禅是没有分别的。顶礼通常意味着向比我们自身更值得尊敬的事物致以尊敬。但当你向佛陀顶礼时，你应该忘掉关于佛陀的念头，你与佛陀是合一的，你已是佛陀本身。当你成为一个与佛陀同在、一个与众生同在的人，你就找到了存在的真义。当你忘掉所有二元化的念头，众生皆可成为你的老师，万物都是你可敬拜的对象。

当众生存在于你的大心时，所有二元化关系于是脱落。天地之间、男女之间、师生之间不再有分别。有时男人向女人顶礼；有时女人向男人顶礼。有时弟子向师父顶礼；有时师父向弟子顶礼。不能向弟子顶礼的师父也无法向佛陀顶礼。有时师父和弟子一同向佛陀顶礼。有时我们可能向猫和狗顶礼。

在你的大心里，众生具有同等价值。众生俱是佛陀本身。你看到什么或听到什么，皆能如其所是地接受。在修习中你需要如其所是地接受万物存在，像敬佛一般尊敬众生。这就是佛性。佛向佛顶礼，你向你自身顶礼。这是真正的俯首。

如果在修行中没有这种对大心的坚定信念，你的顶礼就是二元性的。当你只是你自己的时候，你是在真正意义上向自己顶礼，你是与众生合一的你。只有当你成为自己，你才能在真正意义上向众生顶礼。顶礼是一种非常严肃的修习。你应该做好顶礼的准备，甚至在生命的最后时刻；当你除了顶礼不能做任何事时，那就顶礼。要有这种信念。以这种精神顶礼，所有戒律和教法将在你的心中内化，你的大心将包含众生。

千利休是日本茶道的创始者，1591年，他奉领主丰臣秀吉之命切腹。千利休自尽之际说道："当我饮刃，佛祖共杀。"他的意思可以理解为，当我们拥有大心之剑，二元世界就消失了，唯有精神存在。这种沉静冷峻的精神始终体现在千利休的茶道中。他从不以二元化方式行事；他随时准备死去。他在一次又一次的茶道中死去，再让自己重生。这就是茶道精神。这就是我们当如何顶礼。

我师父的额头上有一块叩头留下的老茧。他认为自己冥顽不化，于是就不停地叩头，叩头，叩头。他不停叩头是因为总能在心里听到师父呵斥的声音。他皈依曹洞宗时32岁，这个年龄对于一个日本僧人而言实在是很迟。我们在年轻时往往没那么固执，因而容易摆脱我执。所以师父总是把他叫作"你这个迟到的家伙"，批评他出家太迟。实际上师父很喜欢他倔强的个性。我师父70岁的时候说："年轻时我像只老虎，而现在我像只猫！"他特别乐意像一只猫。

顶礼有助于我们消除自我中心观念。这是不容易的。摆脱这些观念很难，而顶礼是一种很有价值的修习。重点不在于结果；最宝贵的是努力提升自己。这种修习是没有止境的。

每一次顶礼都是再发一次四弘誓愿。誓愿是："众生无边誓愿度，烦恼无尽誓愿断，法门无量誓愿学，佛道无上誓愿成。"如果誓愿本是无法实现的，那我们怎么能实现它？但不管我们能否实现誓愿，都应该去做。这就是佛法。

"因为有可能，所以去做"这种思想不是佛法。哪怕不可能，我们也必须去做，因为我们的真实本性需要我们去做。而实际上，可不可能并不是最重要的。如果摆脱自我中心观念是我们内心最深的愿望，我们就必须去做。当我们做出这种努力的时候，内心的愿望会得到抚慰，这样就是涅槃。在下决心去做之前，你会觉得困难重重，而一旦开始，问题都不在话下。你的努力会抚慰你内心最深的愿望。获得平静别无其他道途。心的平静并不意味着你要停止行动，真正的平静要从行动本身去找。我们说："静中得静易，动中得静难，而动中静才是真正的静。"

修习一段时间之后，你会发现很难取得快速、显著的进步。即使你非常刻苦，取得的进步也只是点点滴滴。它不像是出去站在淋浴喷头下面，你能预料到何时将湿透全身。在雾中，你不知道自己正在被打湿，但只要你一直走下去就会一点点地湿透。假如你怀着进取之心，你可能会说："唉，这一步好难！"但实际并非如此。被雾水打湿的身体再弄干也很难，所以，没必要为进步而忧虑。就像学习一门外语，你不可能一蹴而就，但经过不断重复，你终将掌握它。这是曹洞宗的修习之道。你可以说我们在取得一点一滴的进步，也可以说我们甚至并没有期待取得进步。只要虔敬，只要时刻尽我们最大的努力，这就够了。涅槃不外乎修习。

平常事

> "假如每天坚持这个简单的修习,你将获得一些神奇的力量。在得到之前,它是神奇的;但当你得到,它只是平常事。"

我不大喜欢在坐禅之后讲话。我感觉有修习已经足够了。但如果非要说些什么,那我想说修禅有多么神奇。我们的目标就是一直保持这种修习。这种修习始于无始之始,并将延续至无终之终。严格地说,对于人类而言,没有其他修习可堪比拟;没有其他生活方式可堪比拟。禅修是我们真实本性的直接表达。

当然,我们的所作所为均是我们真实本性的表达,但离开这种修习我们很难意识到这一点。有所行动是人类和众生的本性。只要活着,我们就总要有所行动。但只要你还在想"我要做这样"或"我必须这样做",或者"我必须得到一些特殊的东西",那么实际上你就没有在做什么。当你放弃的时候,当你不再渴望什么,当你不再为某个特殊目标而努力,那么你就是在做什么了。当你的行动里没有了获得的念头,你就是在做什么了。坐禅时你没有任何索求。你或许觉得你在做某种特别的事情,但实际上它只是你真实本性的表达,它是安抚你内心最深渴望的行动。而只要你在修习中还有所求,那就不是真正的修习。

假如每天坚持这个简单的修习,你将获得一些神奇的力量。在得到之前,它是神奇的;但当你得到,它只是平常事。它只是你自身而已,没什么特别。就像中国的一首诗所说:"庐山烟雨浙江潮,未至千般恨不消。到得还来别无事,庐山烟雨浙江潮。"[1]人们以为雾里庐山和潮水连天的胜景一定无比壮观,待身临其境,看到的也不过就是水和山,没什么特别。

---

1 此诗多传为苏轼所作。

在没有过开悟体验的人看来，开悟很神秘，是一种奇妙的体验。但体验过之后，它就很平常。但同时它又不平常。你能理解吗？就像母亲与孩子，生孩子并没有什么稀奇。坐禅也是如此。所以，如果你坚持这种修习，你将得到越来越多的东西——没什么特别，但的确存在的某些东西。你可能会把它叫作"法性"或"佛性"或"开悟"。你可以用许多称呼来表达它，但对拥有它的人来说，它没什么特别，但它又的确是某种不同。

当我们表现真实本性时，我们是人类。否则我们便不知自己是什么。我们不是动物，因为我们用两条腿走路。我们似乎与动物不同，那我们是什么呢？或许我们是鬼怪；我们不知该叫自己什么。这样一类生物实际上是不存在的。这是个幻觉。我们已经不再是人类，但我们依然存在。当禅不再是禅，一切都不复存在。从理性上讲，我的话毫无意义，但如果你有过真正的修行，你会明白我的意思。假若某个事物存在，它便具有自己的真实本性，它的佛性。在《涅槃经》里佛陀说过，"众生皆有佛性"，而道元对此句是这样解读的，"众生皆是佛性"。这两者是有区别的。假如你说，"众生皆有佛性"，它意味着佛性在每一个存在之中，这样看佛性和存在是有分别的。而假如你说，"众生皆是佛性"，它的意思则是万物存在都是佛性本身。佛性若不存在，一切便不复存在。离开佛性的其他存在都不过是幻觉。它可能在你的心里存在，但它并不实际存在。

所以，人即佛陀。佛性即是人性的另一个名字，是我们的真实人性。因此，即便你什么都没有做，实际上你仍然在做什么。你在表达自己。你在表达自己的真实本性。你的眼睛将表达，你的声音将表达，你的言行将表达。最重要的是以最简单、最适当的方式表达你内在的真实本性，并品味每一个微末的存在。

当你一周又一周、一年又一年地继续这种修习，你的感受会越来越深，它将覆盖你日常生活中的所有其他事情。最重要的是忘掉所有的获得观念、二元化观念。换句话说，只管以特定的姿势打坐，不要想任何事。只管坐在你的蒲团上，不要有任何期待。如是你终将唤醒你的真实本性。也就是说，你的真实本性终将醒来。

第二部分

正确的态度

> " 我们强调的是对我们原初本性的坚定信心。"

一心一意

> "即便太阳从西边升起,菩萨还是一条路走到底。"

我谈话的目的不是给大家一些知性的认识,只是跟大家表达我对禅修的喜爱。能够跟大家一起坐禅真是极不寻常的机缘。当然,其实我们的一切际遇都是不寻常的。因为我们的生命本身便不寻常。佛陀说:"人身难得,如指甲上的尘土,须当珍惜。"你知道,尘土很难黏在指甲上。我们的人生珍稀而美妙;坐着时我就想一直这样坐下去,但还是鼓励自己采用一些别的修习方式,比如,诵经和顶礼。顶礼时我就想"这真是太美妙了"，但我还是又换了一种修习方式去诵经。所以我谈话的意图是想表达我对修习的喜爱，仅此而已。我们的方法并不是坐在那里以期得到什么，而是表达我们的真实本性。那就是我们的修行。

假如你想表达自己的真实本性，就应该找到一些自然且心仪的表达途径。哪怕是坐禅前后站起身来左右摇摆表达你自己。它不是坐禅前的准备或坐禅后的放松，它就是修习的一部分。所以我们不要把它当作其他事的预备活动来做。这要真实体现在你的日常生活中。在道元看来，煮菜做饭不是一种准备性活动，它就是修习。烹饪不只是为某人或为自己准备食物；它是在表达你的虔敬。所以，烹饪时你应当在厨房里以你的行动来表达自己。你应该给自己留有充足的时间，专心做事心无旁骛。你只管做饭！这也是表达了我们的虔敬，是我们修习的一部分。像现在这样打坐是必要的，但打坐并不是唯一的道途。无论做什么，你都要把它当作具有同样深度的一种行动表达。我们应该欣赏当下所做的事。任何事都不是其他事的铺垫。

菩萨的道途可以叫作"一根筋"，或者"铁轨千万里"。铁轨轨距恒定不变，若有宽窄不定则会酿成大祸。无论去往哪里，轨距总是不变。这就是菩萨道。所以即便太阳从西边升起，菩萨还是一条路走到底。他的路时刻表达他的本性和虔敬。

我们说"铁轨"，但实际上并没有这种东西。虔敬本身就是铁轨。我们从火车上向外看去的景色会有不同，但我们一直跑在同一条轨道上。无始无终：一条没有起点亦无终点的轨道。它没有起点，没有目标，漫无所求。沿着轨道奔跑就是我们的道途。这就是禅修的本质。

但是当你对铁轨产生好奇心时，危险就来了。你不应该看着铁轨。盯着铁轨看你会头昏目眩。你应该去欣赏车外的景色。那是我们的道途。乘客无须对铁轨好奇。有人会关心它；佛陀会关心它。但有时我们试图去理解铁轨，因为它的始终如一引起了我们的好奇。我们疑惑："菩萨为什么能够始终如一，秘密在哪里？"但并没有秘密。每个人的本性都跟铁轨一样。

长庆和保福是道友，他们曾一起讨论菩萨道。长庆说："哪怕阿罗汉（开悟的人）有毒愿，如来（佛陀）

也无二语。我说如来有说法，但无二语。"保福说："即便这样来说，你的说法仍不全面。"长庆问道："那你是怎么理解如来的说法的？"保福说："我们说得够多的啦，去吃杯茶吧！"保福没有回答朋友的问题，因为我们的道途不可言传。两位好友讨论了菩萨道，即便是作为修行的一部分，他们也没期望找到一种新的诠释，所以保福说："我们说得够多的啦，去吃杯茶吧！"

那是一个很好的回答，不是吗？我的谈话也是一样——等我的谈话结束，你的倾听就结束了。没必要记住我说的话；没必要去理解我说的话。你们懂的；你们自身对此有充分的理解。没有问题。

重复

" ....

如果失去了重复的精神,你的修习将变得非常困难。"

佛陀时代的印度思想和修习基于这样一种观念,即人的存在是精神和肉体两种元素的结合。他们认为人肉体的一面束缚着精神的一面,所以他们的宗教修行的目标是消减肉体元素来令精神更加自由和强大。因此,佛陀那时在印度找到的修行方式强调禁欲。但是佛陀践行禁欲时发现,清除身体欲求的努力是永无尽头的,这将使宗教修行理想主义化。人与自身肉体的战斗至死方休。而从这种印度思想出发,我们还将进入另一世轮回，另一世生活，一遍又一遍地重复这种挣扎，永不得解脱。并且，即便你认为自己能够控制住肉体力量以解放精神力量，这也只能在你保持禁欲时奏效。如果你恢复日常生活，就必须强健身体，然后再次抑制它以强健精神。如此循环往复。这或许是对佛陀时期的印度修习的极简概述，或许很可笑，但实际上有人甚至至今还继续着这种修习。有时是没有意识到自己心底有着禁欲主义观念。而这种修行不会带来任何进步。

佛陀的道路是完全不同的。起初他研究了那个时代和那个地方的印度教修行方式，践行禁欲。但他对人类的组成元素和形而上学的存在都没有兴趣。佛陀更关心的是此刻他是如何存在的。那是他的重点。面包是面粉做的。怎样在烤炉里把面粉变成面包，这对佛陀来说是最重要的事。我们是如何开悟的，这是他最主要的兴趣。在他和他人眼中，开悟的人具备一些完美的、令人仰慕的人格。佛陀试图探寻人是如何发展出这种理想人格的——过往圣贤是如何成圣成贤的。为了探索面团怎样变成美妙的面包，他做了一遍又一遍，直到取得非凡成功。那就是他的修行。

但是，每天一遍又一遍地做同样的事情，我们有些人或许会觉得这很没意思。你可能会说，这也太乏味了。如果失去了重复的精神，你的修习将变得非常困难，但如果你充满力量和活力，这又没什么难的。无论如何，我们不能待着不动，总要有所作为。当你开始行动时，你应当敏锐、细致、警觉。我们的做法是，把面团放进烤炉，仔细观察。当你洞悉面团如何成为面包，你也就理解了开悟。所以，这具肉身是如何成为圣贤的，这是我们的主要兴趣所在。我们不是特别关心面粉是什么，面包是什么，圣人是什么。圣人就是圣人。人类本性的形而上的解释并不是关键。

所以，我们强调的是修行方式不能过于理想主义。假如一个艺术家过于理想主义，他可能会自杀，因为他的理想和实际才能之间存在巨大的鸿沟。找不到能够跨越鸿沟的桥梁，他会开始绝望。这是常见的灵性之路。但我们的灵性之路不是这样理想主义的。在某种意义上我们应该是理想主义的；至少我们想要烤出色美味香的面包！修行其实就是一遍又一遍地重复，直到你发现如何变成面包。我们的道途没有秘诀。我们的道途就是打坐和把自己放进烤炉。

禅与激情

" ....

禅不是某种激情,而是集中关注我们一般的日常事务。"

我 30 岁那年,师父去世了。虽然我想寄生永平寺禅修,却必须去接管我师父的寺院。我变得很忙,而且对年轻的我来说困难很多。这些困难给我留下了一些经验,但与真实、平静、安宁的生活方式相比,这些困难都不足挂齿。

持之以恒是非常重要的。禅不是某种激情,而是集中关注我们一般的日常事务。假如你变得很忙或很兴奋,你的心会变得支离破碎,这就不好了。假如可以的话，你要努力保持平静、喜悦，远离兴奋。通常我们会变得一天比一天更忙，一年比一年更忙，尤其在现代社会。假如过了很长一段时间重访故地，我们会为它的变化而震惊。这是没办法的事。但如果我们专注于某些激情或自身的变化，就会被彻底卷入忙碌的生活，我们会迷失。而如果你的心安静、恒定，即便身处其中，你也能远离喧嚣。在喧闹和变化之中，你的心安静、沉稳。

禅不是用来让人兴奋的东西。有些人因为好奇而开始修禅，结果让自己更加忙碌。如果你的修行令你感觉更糟，这就荒谬了。在我看来如果你一周来坐禅一次，这就足够令你忙的了。不要对禅太着迷。假如年轻人对禅过于兴奋，他们可能会放弃学业，跑到山上或林间去坐禅。这种兴趣不是真实的兴趣。

你只要保持平静、正常的练习，你的人格就会逐步建立起来。假如你的心总是忙忙碌碌，特别是为目标而过度努力的时候，你就没有时间去建立，就无法成功。塑造人格就像做面包——你得一点一滴、一步一步地去做，还得有合适的温度。你十分了解你自己，你知道你适合什么温度。你很清楚自己需要什么。而如果过于兴奋，你就会忘了自己适合什么温度，你会迷失你的路。这很危险。

佛陀用好的赶牛人来说明这个道理。赶牛人知道牛能驮动多大重量，始终避免让牛车过载。你知道自己的道途和自己的心的状态。别驮得过多！佛陀说过，修心就像打坝，你要非常细心地去建造堤坝。假如你想一蹴而就，堤坝可能会渗水。而仔细地建造会让你得到一条能蓄水的堤坝。

我们平淡无奇的修行之道也许会显得很消极，但其实不是。它是修炼自己的理智而有效的道路，只是非常平实。我发现人们尤其是年轻人往往很难理解这一点。换个角度看，我好像是在讲渐悟，但其实同样不是。实际上，这是顿悟之道，因为当你的修习变得平静和日常，你每天的生活都是开悟。

正确的努力

> "假如你的修习很好,你可能引以为傲。你的修习是好的,但你加上了多余的东西。骄傲是多余的。正确的努力就是要摆脱多余的东西。"

我们的修行中最重要的一点是要有正确或者说完美的努力。向正确的方向做正确的努力是必要的。如果你的努力方向是错误的,特别是你还对此缺乏意识的话,这种努力就是迷茫的。我们在修习中的努力应当从"有所得"走向"无所求"。

通常来说,当你有所行动时,你是有所期待的,附加了一些特定的结果。从"有所得"走向"无所求"意味着摆脱努力之后的不必要和不好的结果。如果你抱着

"无所求"的精神去做事，行动中就有了一种好的品质。所以莫问前程只管做事就好。假如你为了某些目的而特别努力，一些其他品质，一些多余元素就被裹了进来。你应当摆脱这些多余的事物。假如你的修习很好但缺乏上述意识，你便会以你的修习为傲。骄傲是多余的。你的修习是好的，但你加上了多余的东西，所以你要摆脱多余的东西。这一点非常非常重要，我们却往往没有精微地意识到这一点，从而走向错误的方向。

因为所有人都做同样的事，犯同样的错误，所以我们没有意识到这一点。因为没有意识到这一点，所以我们还在制造很多错误。我们中间出现了问题。这种错误的努力被叫作"法执"或"对修习的偏执"。你被卷入了某种修习或获得的念头，而你无法摆脱。当你被卷入某种二元化观念，这说明你的修习不够纯净。我们说纯净的意思并不是去擦拭，让某种不纯净的东西变得纯净。我们说纯净的意思是如其本然。有物附着其上，便不纯净。当某种事物变得二元化了，它便不纯净。当你认为可以通过修禅获得什么，你就是被卷入了不纯净的修习。谈及修习、开悟这些事是没有问题的，但我们不可为这些念头所捆绑，不可为其所玷污。修禅时便修禅，开悟时便开悟。我们不应着迷于有所得。哪怕你没有意识到，坐禅的真正本质也一直在那里，所以，忘掉你期望从坐禅中获得的一切，只管打坐。坐禅的本质将会自我展现，到那时你将拥有它。

人们问何为不带获得心的修禅，对于那种修习来说如何精进。答案是：努力摆脱修习中任何多余的东西。起了多余的念头，你当努力停止它；你当保持纯净的修行。那是我们要努力的方向。

我们说："去听一只手鼓掌的声音。"我们通常认为鼓掌需要两只手，一只手无法发出声音。但实际上，一只手也是声音。即便你听不到，它也是声音。假如你用两只手鼓掌，你能听到声音。但如果声音不是在你鼓掌之前就存在，你是不可能制造出声音的。在你发出声音之前，它就存在着。因为有声音存在，所以你才可以发出声音，所以你才可以听到声音。声音无处不在。你只要去试一下，就能听见声音。不要刻意去听。若不刻意倾听，声音就在你周围。倘若刻意去听，却有时有声，有时无声。你能明白吧？即便你毫无作为，你也始终具备坐禅的本质。但假如你试图发现它，假如你试图看见这个本质，你就得不到这个本质。

我们是以个体的形式生存于世的，但在你获得人的存在形式之前你就已经存在了，始终存在。我们一直在这里。你能明白吧？你以为你出生之前是不存在的。但如果你本不存在，你又如何会出现在世上？是因为你已然在此，所以你才出现于世。同样，事物若不存在便也没有消失。是因为有事物存在，所以才会有消失。你或许认为，当你逝去你便消失了，不复存在。但即便你消失了，那些曾经存在过的事物也不会成为不存在。这很神奇。我们自身无法对这个世界施加法术。世界本身很魔幻。假如我们注视某个事物，它可能从我们的视线里消失，但假如我们不去看它，它就不会消失。因为你看着它，所以它才可能消失，但如果没有人看着它，一个事物又怎么可能会消失呢？假如有人注视着你，你可以逃离他的注视；但假如没有人看着你，你没有办法逃离自己。

所以，不要试图特别关注某件事；不要试图追求某种特殊成就。你的纯净本质已然具足。假如你明白这个终极真相，你便无有恐惧。当然，仍然会有一些障碍，但将无有恐惧。如果人们面对的是没有意识到的障碍，那是真正的障碍。有人会表现得非常自信。他们自认为朝着正确的方向做出了很大努力，却没有意识到，他们的努力是出于恐惧。有些事物会在他们面前消失。但如果你努力的方向是正确的，你便不会对失去任何东西产生恐惧。即便努力的方向是错误的，但只要你意识到了，便不会为其所惑，不会失去什么东西。只有正确的修习的纯净本性长住。

不留痕迹

> "做事时,你当彻底燃烧自己,如同熊熊篝火,不留下一丝自我的痕迹。"

修禅时,我们的心平静、简单。而在平常时候我们的心往往忙乱芜杂,很难停驻在所做的事情上。这是因为我们在行动之前进行思考,因而留下了思考的痕迹。我们的行动被一些预设成见所遮蔽。这种思考不仅留下了痕迹或阴影,还带来了关于其他活动和事物的许多观念。这些痕迹和观念让我们的心灵变得非常复杂。以相当简单、干净的心来做事时,我们没有观念和阴影,我们的行动是强劲而直率的。但以芜杂之心做事时,我们为他事、他人或社会所牵绊，我们的行动变得非常复杂。

很多人在一个行动中抱有双重或三重观念。有句话叫"一石二鸟"。这是人们经常想做的事。因为他们想打不止一只鸟，所以发现自己很难专注于一个行动，以致最终一无所获！这种思考总会在他们的行动中投下阴影。这种阴影并非思考本身。当然，我们在行动之前需要思考和准备。但正确的思考不会留下任何阴影。那种留下痕迹的思考出自我们相对的、困惑的心。相对心指的是把自己与其他事物相联系因而局限了自己的心。正是这种小我的心制造出了获得观念，留下了自身痕迹。

假如把思考的痕迹留在行动中，你就会执着于这些痕迹。举个例子，你可能会说："这是我做的！"但实际不是这样。你回忆过去时可能会说，"我用某种方法做了这样、这样一件事"，但实际情况并非那样确凿。你这样思考问题其实是局限了你行动的实际经验。因此，如果执着于自己所做的事情，你就会陷入自私的念头。

我们通常会认为我们所做的事情都是好的，但实际情况恐怕并非如此。人老了之后常以自己的作为为傲。而其他人听到某人自豪的回忆时往往觉得好笑，因为他们清楚这种回忆只是一面之词。他们明了他的表述并不完全是实际情况。如果这个人以他的作为而骄傲，这种骄傲甚至可能给他制造出一些麻烦。一遍遍地重复这样的回忆会日益扭曲他的个性，他甚至可能变成一个不近情理、固执的家伙。这个例子是说一个人的思想留下的痕迹。我们无须忘掉我们的作为，但它不该留下多余的痕迹。留下痕迹不同于记住某事。我们有必要记住自己做过的事，但不应在特别的意义上过分执着于所做的事。我们所说的"执着"正是指这些思考和行动的痕迹。

为了不留痕迹，你在做事时当全身心投入，专心致志。你当全力以赴，如同熊熊篝火，而不是一团冒着烟的火。你当彻底燃烧自己。假如你不能彻底燃烧自己，就会在行动中留下你自身的一丝痕迹。你就会留下没有彻底烧尽的遗物。禅修修的便是彻底烧尽，除却灰烬，不留痕迹。这是我们修行的目标。这就是道元所说的"灰烬不复成柴"的意思。灰烬就是灰烬。灰烬就是彻底的灰烬。柴火就是柴火。一旦开始这样的行动，其他的行动就不复发生。

所以，我们的修行不是那种一两个小时的事、一天或一年的事。假如你全身心地修禅，哪怕是一刹那，那也是禅。所以，一刻又一刻，你要将自己投入你的修习。做过之后你不要有任何保留，但这并不意味着忘掉所有。如果你理解了这一点，那么所有的二元化思想和所有的生活烦恼都将消失。

修禅时你与禅是合一的。这里没有你也没有禅。顶礼时，这里没有佛陀也没有你。只是一个完整彻底的顶礼。这是涅槃。当佛陀将佛法传给摩诃迦叶时，佛陀只是拈花一笑。只有摩诃迦叶领会了佛陀的意味，其他人则没有领会。我们不确定这是不是史实，但它的确意味深长。它昭示了我们的传统教法。那些能够覆盖其他事情的行动才是真正的行动，这种行动的奥秘由佛陀传至我们。这是禅修，它不是佛陀教授的某种教法或佛陀确立的某些生活戒律。教法或戒律会因遵守它们的地域或人群而变，但这种修行的奥秘不会变。它亘古不变。

所以，对我们来说，在这个世界上生活别无他道。我以为这是非常明确的；这很容易接受，很容易明白，也很容易实践。如果你将建立在这种实践基础上的生活与这个世界和人类社会的现实对照来看，你就会发现佛陀留给我们的真理有多宝贵。它很简单，实践起来也很简单。但即便如此，我们也不能忽略它，而必须认识到它的伟大价值。面对这么简单的东西我们通常会说："哦，我懂！这很简单。这人人都懂。"但如果我们不清楚它的价值，它便毫无意义。这样等于不懂。你对文化了解得越深，就越能体会这种教法的真理性和必要性。与其一味批判你的文化，不如全身心地投入这种修习。那样的话社会和文化就会通过你而生长出来。执着于自身所处的文化的人往往对自己的文化持批判的态度，这也未尝不可。他们的批判态度说明他们正在回到佛陀留给我们的简单真理。而我们的方式仅仅就是专注于简单的修习以及对生活的简单基本理解。我们的行动应当不留痕迹。我们不应执着于某些神奇的念头或美好的事物。不要去追寻好事。真理总是近在咫尺，触手可及。

拜神所赐

> "'布施是不执着',这是说,只要不执便是布施。"

相对而言,自然万物,人类众生,我们创造的每一件文化作品,皆是某种施与,都是施与我们的或正在施与我们的东西。但因所有事物原本合一,所以我们实际上也是在施与一切。每时每刻我们在创造着,而这是我们生命中的喜悦。但这个正在创造着、总是在施与的"我"并不是"小我",它是"大我"。即使你没有意识到这个"大我"与万物的合一性,你在施与时依然感到快乐,因为在那时你感到了你与正在施与之物的合一性。这就是为什么施与比拿取更让人快乐。

佛教里有个"布施般若波罗蜜多(Dana Prajna Paramita)"的说法。Dana 的意思是"施与",Prajna 的意思是"智慧",Paramita 是"渡过或到达彼岸"。我们的生命可以被视为一次渡河。而人生努力的目标是到达彼岸——涅槃。般若波罗蜜多,生命的真正智慧是在生命旅程的每一步里我们都能到达彼岸。而通过每一步越渡到达彼岸是真正的生命之道。布施般若波罗蜜多是六种真正生命之道的第一种。第二种是"持戒般若波罗蜜"或称佛教戒律。第三种是"忍辱般若波罗蜜"或称忍耐。然后是"精进般若波罗蜜"或称热情和不断努力。"禅那般若波罗蜜"或称禅修。"般若波罗蜜"或称智慧。这六种般若波罗蜜实际上是合一的,但因为我们可以从各种不同的角度来观察生活,所以我们把它分为六种。

道元禅师说过:"布施是不执着。"这是说,只要不执便是布施。给予什么不重要。给予一分钱或一片树叶是布施般若波罗蜜;给予教法中的一句话甚至一个词是布施般若波罗蜜。如果以不执的精神来给予,提供物质或提供教法具有同样的价值。具备了正确的精神,我们所做的一切，我们所创造的一切都是布施般若波罗蜜。因而道元禅师说："制造某物或参与人类活动是布施般若波罗蜜。为人提供一条渡船或搭一座桥是布施般若波罗蜜。"而实际上，教法中的一句话可能会成为某人生命中的一条船！

按照基督教的说法，自然万物皆是上帝所赐或为我们而造。这是关于布施的很好的观念。但如果你认为上帝创造了人，并且你与上帝是分离的，即认为你有能力创造出与上帝无关的东西，而不是拜上帝所赐。比如，我们制造了飞机和高速公路。当我们一再重复"我创造，我创造，我创造……"我们很快就会忘记谁是那个创造了万物的真正的"我"；我们很快就会忘了上帝。这是人类文化的危险之处。实际上，以"大我"来创造就是布施；我们不能创造和占有我们为自己所造的东西，因为万物皆由上帝而造。不能忘掉这一点。但我们确乎忘记了是谁在创造、为什么而创造，因而执着于物质和交换的价值。与上帝造物的绝对价值相比，这些事物毫无价值。而即便有些事物对于任何"小我"都毫无物质或相关价值，它们却依然具有自身的绝对价值。不执着于任何事物便是意识到它的绝对价值。你的一切作为都应该建立在这个意识之上，而不是在物质或自我中心观念之上。如此，你的一切所做都是真正的给予，皆为布施般若波罗蜜。

当我们交脚而坐，我们就重启了创造的基础活动。创造活动大概有三种。第一种是禅坐之后对自己的意识。当我们坐着时我们是无，甚至意识不到自己存在，我们只是坐着。但当我们站起来时，我们就回到了这里！这是创造的第一步。当你在这里时，万物就也在这里了；瞬间便创造了万物。当我们从无到有，当万物从无到有，我们视之为一次崭新的创造。这是不执。第二种创造是当你开始行动，比如，制作，或准备食物茶水。第三种是自身内部的创造，比如，教育，文化，艺术或者我们的一些社会规则。所以创造活动大概有三种。但如果你忘掉了第一种，最重要的一种，剩下两种就像孩子失去了父母，它们的创造就无从谈起。

通常人们会忘掉坐禅。人们会忘掉神。他们在第二种和第三种创造中勤奋努力，但神对这种活动并未出手相助。如果没有意识到神本身的存在，他又怎么能帮助我们呢？这就是为什么我们的世界问题诸多。当忘掉了我们的创造性的基础源泉，我们就像失去了父母的孩子，不知所措。

假如你懂得了布施般若波罗蜜多，就能懂得我们如何为自己制造了种种困扰。是的，活着就是制造问题。假如我们不曾出现在这个世界上，我们的父母就不会遇到由我们带来的问题！仅仅是我们的出现就给他们带来了麻烦。

这没关系。万物都会制造问题。而通常人们认为，等自己死去，一切就结束了，问题就消失了。但是你的死去可能会同样制造出问题！实际上我们的问题都应该在今生加以解决或化解。而如果我们能够意识到，我们的作为与创造其实都是"大我"的馈赠，我们便不会执着于它们，便不会为自己或他人制造问题。

同时，我们应当一天一天地忘却我们的所为，这是真正的不执。我们应当去做新的事情。要做新的事，自然就要了解过去，这没有问题。但我们不应抱持做过的任何事情，我们只需反思它们。对于未来应该做些什么我们也得有想法。但未来是未来，过去是过去，现在我们应该做一些新的事情。这是我们的态度，以及我们应该如何活在世上。这是布施般若波罗蜜多，为我们自身给予或创造某物。因此，不断深入地做好一件事就是重启我们真正的创造活动。这就是为什么我们要打坐。如果我们不忘记这一点，一切将完美运行。而一旦我们忘记了这一点，世界便将充满混乱。

修习中的错误

" ....

当你的修行过于贪婪时,你会变得沮丧。所以,应该庆幸有信号或警告提醒你修行中存在的弱点。"

你要注意,在修习中有几种不良方式。通常,当你坐禅时,你会变得非常理想主义。你会确立一个理想或目标,然后去努力实现。但正如我经常说的,这是荒谬的。当你是理想主义的,你自身就有了获得的观念;当你实现了理想与目标,你的目的心会制造另一个目标。如此一来,只要你的修习以达到目标为基础,而你以理想主义化的方式来修禅,你实际上便无暇去实现你的目标了。更有甚者,你可能会牺牲你的修习成果。因为你的成就永远在前方，所以你将一直为未来的某些目标而牺牲自己的现在。你终将一无所得。这是荒谬的，是根本不正确的修行方式。但比这种理想主义化态度更糟糕的是，在修禅过程中与他人相互竞争。这是一种粗糙、低劣的修行方式。

我们曹洞宗的传统把重点放在"只是坐着"，或者说"只管打坐"。实际上我们对自己的修习方式没有特别的称呼；修禅时我们仅仅就是修禅，无论其中是否得到喜悦，我们只管打坐。即便是睡着了，我们也努力继续打坐，一天又一天地重复同一件事，我们继续着修习。无论他人是否鼓励我们，我们只管去做。

即便是独自修禅，没有师父，我想你也能摸索出一些方法告诉自己你的修习是否合适。当你厌倦打坐，或反感你的修习，你要分辨出这些警示信号。当修习变得理想主义化时你会感到沮丧。当你在修习中有了获得心，它就不够纯净了。当你的修行过于贪婪时，你会变得沮丧。所以，应该庆幸有信号或警告提醒你修行中存在的弱点。在那个时候，忘掉你所有的错误，更新你的方式，你可以重启原初的修习。这一点很重要。

所以，只要坚持修习，你就很安全，但因为坚持很难，所以你要找到激励自己的方法。因为激励自己时很容易被卷入不良的修习，所以让自己坚持我们这种纯净的修行是很困难的。这就是为什么我们要有师父。师父会帮助你修正你的修习。当然，你会和他共度一段艰难历程，但尽管艰难，你却能一直避免错误的修习。

大多数禅师都曾与他们的导师有过一段艰难时光。他们后来谈起这些困难时，可能会让你认为没有这样的艰辛就不足以修禅。但情况并非如此。无论你的修习过程是否艰辛，只要你坚持下来，你就是在进行真正意义上的纯净的禅修。即便你自己没有意识到，你也已经做到了。所以道元禅师说："不要认为你必须证识自己的开悟。"无论你是否意识到了，你在修习中都得到了自己的真正的开悟。

另一种错误是为找寻快乐而修习。实际上，当你的修习与喜悦感觉相牵扯时，它也不是处于很好的状态。当然，它不属于不良方式，但与真正的修行相比，它不属于好的。在小乘佛教里，修习被分为四种。最好的方式是仅仅去做，不带任何喜悦，甚至没有精神上的喜悦。这种方式就是只管打坐，忘却身体和心灵的感受，在修习中完全忘掉自己。这是第四层阶梯，也是最高层。其次是修习中仅有身体愉悦。在这个阶梯上，你在修习中感觉到了某些愉悦，因为在其中感觉到愉悦，所以你进行修习。在第二层阶梯，你身心俱悦，感觉良好。在中间这两个阶梯上，你是因为修习中的良好感受而修禅的。在第一层阶梯的修习中，你既无思考也无好奇。这四层阶梯同样适用于我们大乘佛教的修习，最高层即是只管打坐。

假如你在修习中遇到了一些困难，那是一种警告，说明你存在一些错误观念，因而需要你认真对待。但不要停止你的修习，保持对弱点的觉知，继续。这里没有获得心。这里没有对获得的偏执。你不要说"这是开悟"或"那是不正确的修习"。即便是错误的修习，只要你认识到了错误然后再继续下去，它也是正确的修行。我们的修习不可能至善至美，但不要因此泄气，我们要继续下去。这是修行的奥秘。

假如你想在挫折中找到一些激励，那么厌倦修习本身就是一种激励。当你厌倦的时候你要鼓励自己。当你不想去做的时候，这就是警告信号。好比牙齿出问题的时候你会感到牙痛。当你感到牙齿有一点痛，你会去看牙医。我们的方法也是这样。

冲突的根源在于成见和偏见。当人们懂得了纯净修习的价值，我们的世界就会少有冲突。这是我们的修习和道元禅师的道途的奥秘。道元禅师在他的著作《正法眼藏》中反复强调了这一点。

假如你能够理解到冲突的根源在于成见和偏见，你就能够在各种不同修习中找到意义，同时不为任何特定方法所局限。而认识不到这一点，你就很容易为某一种方法所束缚，你可能会说："这就是开悟！这就是最完美的修行。这就是我们的道途。其他方法都不行，这就是最好的方法。"这是个大大的错误。真正的修行没有特定的道途。你要去寻找自己的路，你要明了自己当下在走的是哪条路。了解一些特定修习的优势与弱点，这样方能够没有危险地使用它们。但如果你的态度带有偏见，你就可能无视方法的弱点，只强调它的优势。直到最终发现这种方法最糟的部分，却为时已晚而沮丧不已。这是愚蠢的。我们应该感谢指出了这种错误的前辈们。

限制你的活动

> 通常，当一个人有了某种特定的宗教信仰，他的态度会变成越来越尖锐的一个角，指向自身之外。但在我们的道途上，尖锐总是朝向我们自身。"

在我们的修行中，没有特定的意图或目标，也没有特殊的崇拜对象。就此而言，我们的修行有别于一般的宗教修行。一位伟大的中国禅师赵州说过："泥佛不过水；金佛不过炉；木佛不过火。"不管是哪样，如果你的修行指向某个特定对象，比如，泥佛、金佛、木佛，那就不是永远都行得通的。只要你在修行中还带有特殊目的，这种修行就是不彻底的。在你朝目标靠近时它或许能帮到你，但一回到日常生活，它就行不通了。

你或许会想，如果我们的修习没有目标和意图，那么我们将不知如何是好。但办法是有的。限制你的活动或聚焦当下就是没目标的修习方法。不是在心里设立特定目标，而是代之以限制你的活动。当你的心在别处游移，你就没有机会表达自己。但如果你限制自己的活动，聚焦于此刻、当下能够做的，那样你便可以充分表现你的真实本性，它是普遍的佛性。这是我们的方法。

当我们坐禅时，我们将自己的活动限制在最小范围内。仅以保持正确的姿势，专注打坐来表现我们的普遍本性。我们因而成佛，并表现佛性。所以我们只是专注于我们每一刻的活动，而不是崇拜一些对象。当顶礼时，便只是顶礼；当打坐时，便只管打坐；当饮食时，便只是饮食。假如你这样做，普遍本性就出现了。在日语中，我们叫它"一行三昧"或"一修定"。"三昧"的意思是"专注"。"一修"的意思是"一种修行"。

我想，来这里坐禅的人当中可能有一些是有其他宗教信仰的，但我不介意。我们的修习与一些特殊的宗教信仰无关。而在你，对我们的修行道途也无须迟疑，因为它无关基督教、神道教、印度教。我们的修行适用于任何人。通常，当一个人有了某种特定的宗教信仰，他的态度会变成越来越尖锐的一个角，指向自身之外。但我们的道途不同。在我们的道途上，尖锐总是朝向我们自身，而不是离开我们自身。所以，不必担心佛法与你可能有的其他信仰间的分歧。

赵州提出有不同的佛，针对的是那些只为某些特定的佛而修行的人。仅有一种佛是不能完全满足你的需要的，因为你总会在某个时候丢开它或忽略它。但如果你明白了我们的修行的奥秘，那么无论身在哪里，你都能够主宰自己。无论何种情形，你都不能疏于照顾佛，因为你自己就是佛，只有这个佛才能从根本上帮助到你。

认识你自己

"
要点并不在于更深地领会佛法；我们只是去做我们该做的，就像吃晚饭和上床睡觉。这就是佛法。"

研究佛法的意图并不在于研究佛法本身，而在于认识我们自身。而离开教法我们是不可能认识自身的。假如你想了解水是什么，你需要科学，科学家需要实验室。在实验室里我们有各种方法去了解水是什么。我们借此得以了解水所包含的元素种类、水的不同形式和水的性质。但这样的研究不可能回答水本身是什么。关于我们自身也是如此。我们需要一些教法，但仅凭研究教法我们不可能回答"我"本身是什么。我们或许可以通过教法洞悉我们的人性。但教法并不等于我们自身；它是对我们自身的一些解释。所以，如果你执着于教法，或执着于师父，这就是个大错误了。你遇到师父之时，便是你应该离开师父之时，你需要独立。你需要一个师父是因为这样你可以变得独立。如果你不执着于师父，他就可以为你指出通向自我的道路。你拜师是为了自己，而不是为了师父。

中国早年间的禅师临济阐释了指导弟子的四种方式。有时他谈论弟子本身；有时他讨论教法本身；有时他对弟子或教法进行解释；有时他根本不对弟子做出任何指导。他明白，即便没有任何指导，学生仍然是学生。严格来说，本就不必教导学生，因为学生本身就是佛，即便他尚不自知。同时，即便他对真实本性有了觉知，但如果他执着于这种觉知，也已是错。未觉知时，他拥有万物，而有了觉知时他认为觉知到的就是自身，此乃大谬。

你只管打坐，两耳不闻师训，这叫无教之教。但有时这样还不够，所以我们需要听课和讨论。但是要记住，我们在一个特定的地方进行修习的目的是研究我们自身。我们学习，是为了独立。就像科学家一样，我们的研究也需要很多工具。我们需要师父，因为我们不可能自己研究自己。但是有一个错误不能犯，你不能把从师父那里学来的东西当作自己的来用。你和师父一起学习只是日常生活的一部分，是你不间断的活动的一部分。在这个意义上，修行和每天生活中的其他活动之间并没有分别。所以，在禅堂里找寻生命的意义，就是找寻你日常行动的意义。你来坐禅是为了觉知你生活的意义。

在日本永平寺时，我们每个人都只做着自己应当做的事。仅此而已。就像每天早晨醒来我们得起床。在永平寺，当我们应该打坐时，我们就打坐；当我们应该向佛陀顶礼时，我们就顶礼。仅此而已。并且，我们做的时候没有任何特殊感觉。我们甚至没有感觉到我们在过一种寺院生活。对我们来说，寺院生活是寻常生活，而从城市来的人才是不寻常的人。我们看到他们的感觉是："哦，来了一些不同寻常的人！"

但当我离开永平寺一段时间之后，再回去的感觉就不同了。我听到了修行中的各种声音——钟声、诵经声——并被深深触动。我热泪盈眶，涕泗交流。这是寺院之外的人对寺院氛围的感受。而正在修行的人并没有感觉到这些。我想诸事皆是如此。在刮风的日子听到松涛，我们听到的或许只是正在刮风，而松树正在风中站立。这就是它们正在发生的事。但有人听到风中树声可能会写下一首诗，或有不同寻常的感受。我想诸事皆是如此。

所以，要点并不在于感受一些佛法。那些感受无论好坏都不成问题。我们并不在意它们如何，佛法无好坏。我们在做我们应该做的事，这就是佛法。当然，激励是需要有的。但激励只是激励，它不是修行的真正意图，它只是一剂药。当我们沮丧的时候我们需要一些治疗，当我们精神状态良好的时候我们无须用药。你不要错把药当饭吃。药在有些时候是必需的，但它不能成为我们的食物。

这样看来，临济的四种修习方式中，最好的一种是不要跟学生谈论他自身，也不要给他任何激励。如果把我们自身看作身体，那么教法或许可以被看作衣服。有时我们会讨论我们的衣服；有时我们会讨论我们的身体。但无论是身体还是衣服，它们都不是真正的我们自身。我们自身是伟大的行动，我们仅仅展现了这场伟大行动的一小部分而已。所以，谈论我们自身未尝不可，但真没必要非得这么做。在我们开口之前，我们已经展现了这个伟大的存在，包括我们自身。所以，我们谈论自身的意图，是在于修正我们的误解，即对伟大行动中的特殊性的、暂时性的相和色的任何执着。我们有必要讨论我们的身体是什么，我们的行动是什么，这样我们才不至于在这两者上出错。所以，讨论我们自身，其实是为了忘却我们自身。

道元禅师说："研修佛法就是研究我们自身。研修自身是为了忘掉自身。"当你执着于自身真实本性的暂时性表现，你就需要学习佛法了，否则你会以为这些暂时性表现就是真实本性。但这些真实本性的特殊表达并不是真实本性本身。而与此同时它又是其本身。在一瞬间，它是真实本性；在最短时间的修习里，它是真实本性。但它并不总是真实本性：紧接着的下一刻它就不是了，所以它不是真实本性。于是你将觉知到这样一个事实，研究佛法是必要的。但研究佛法的目的是研究自身和忘掉自身。当我们忘掉自身，实际上我们便成为这个伟大存在的真实行动，或者说我们就是实相本身。当我们认识到这个事实，这个世界上的任何问题都将不复存在，我们可以毫无困碍地享受我们的生活。我们修行的目标便是觉知到这个事实。

磨砖

"
当你成为自己,禅便成为禅。当你是自己时,你将看到事物的本然,你将与你的周遭合而为一。"

我们每时每刻都在做着什么,在弄明白这个之前,你很难理解禅的故事或称禅公案。但如果能够确切地懂得我们是如何活在每个当下的,禅公案看起来就没那么难了。禅公案很多。我经常给你们讲的是青蛙,每次讲起来大家都会笑。但青蛙非常有趣。你们知道的,它也像我们一样坐着。但它并不认为自己在做什么很特别的事。当你去到禅堂打坐时,你会觉得自己做着某些很特别的事。你的丈夫或妻子在睡觉,而你在坐禅!你在做某种特殊的事情，而你的伴侣如此懒惰！这可能是你们对禅修的理解。看看青蛙。青蛙也像我们一样坐着，不过它不知道什么叫坐禅。看它。如果有什么打扰到它，它会露出鬼脸。如果有什么能吃的东西路过，它会迅疾掠食，而且是坐着吃掉。实际上这就是我们的坐禅——并无特别之处。

这里有个青蛙公案。马祖道一是著名禅师，也被称为马大师。马祖是南岳禅师的弟子。南岳是六祖的弟子。某天，马祖跟随南岳学禅，马祖坐着，练习坐禅。他身形高大，说话时舌头会伸到鼻尖；声音洪亮；他坐禅的功夫应该非常厉害。南岳看到他坐时宛如大山又似青蛙。南岳问他："你在做什么？""我在坐禅"，马祖答道。"你为什么坐禅？""我想开悟；我想成为佛。"弟子答道。你们知道师父这时是怎么做的吗？他捡起一块砖头磨了起来。在日本，瓷砖出炉后我们会进行抛光，让它的表面更加美丽。弟子马祖问道："您在做什么？""我想把这块砖头打磨成宝石。"南岳说。"砖头怎么可能磨成宝石呢？"马祖问。"坐禅怎么可能成佛呢？"南岳回答。"你想成佛是吗？佛性从来不在你的平常心之外。当一辆牛车不动时,你是鞭车呢还是打牛?"

南岳在这里的意思是,无论你做什么,都是在修禅。真正的禅性跟在床上还是在禅堂无关。假如你的丈夫或妻子在床上,那也是修禅。"我在这里坐着,而我的伴侣在床上",假如你这么想,那么即便你正在禅堂交脚坐,也不是真正的禅修。你应该永远像一只青蛙。那是真正的禅修。

道元禅师点评过这个公案。他说:"当马大师成为马大师,禅成为禅。"当马祖成为马祖,他的坐禅成为真正的坐禅,而禅成为禅。何谓真正的坐禅?就是当你成为你!当你成为你时,无论你做什么,那都是修禅。即便你正睡在床上,大部分时间里你可能都未必是你。即便你正坐在禅堂,我依然怀疑那是不是真正意义上的你。

这里还有一个著名的公案。山冈是一位总是喜欢自呼其名的禅师。他会叫道:"山冈?"然后答道:"是!""山冈?""是!"当然,他是独自生活在自己的小禅堂里,他当然知道自己是谁,但有时他会丢失自己。每当丢失自己他就会叫回自己,"山冈?""是!"

假如我们像青蛙，我们就永远是自己。但即便是青蛙有时也会迷失自己，它做出苦相。有东西经过时，它会逮住吃掉。所以我想青蛙会一直叫它自己。我想你也应该这样做。即便在禅堂里你也可能丢失自己。当你瞌睡时，当你的心开始四处游移时，你迷失了自己。当你的腿变得酸痛时——"为什么我的腿这么痛啊？"——你迷失了自己。因为迷失了自己，所以你的问题会成为困扰你的问题。假如你没有迷失自己，那么即便遇到困难，它们都不会成为什么真的困难。你正坐在问题当中，当你是问题的一部分，或者问题是你的一部分，这里便没有问题了，因为你就是问题本身。问题就是你本身。如果是这样的，那就没有问题了。

如果你的生活总是你的环境的一部分——换句话说，如果你在当下被唤回了自我——那么问题便不存在了。如果你开始在某些与你分隔的幻觉里游荡，那你的环境便不再真实，你的心也不再真实。如果你自身是个幻象，那么你的周围环境也将是一个烟雾弥漫的错觉。一旦身陷迷茫幻象，幻象便绵延不绝。你会被卷入一个接一个的自欺欺人的错觉。很多人生活在幻象中，为自己的烦恼所困，试图解决他们自己的问题。然而，活着本身就是处于困扰之中。而解决问题的办法就是成为它的一部分，与它合而为一。

所以，你是打车还是鞭马？你该敲打谁，你自己还是你的困扰？你开始追问应该敲打谁时，意味着你开始疑惑了。而当你确实开始鞭马时，车就会跑起来。事实上，车与马并无不同。当你是你时，这里就不存在该打车还是鞭马的疑问了。当你是你时，坐禅便成为真的坐禅。所以，当你修禅时，你的困扰也在修禅，其他万物也在修禅。即使你的伴侣睡在床上，他或她也是在修禅——因为你在修禅！而如果你不是真的在修禅，那么就会出现这是你的伴侣，这是你，一个与另一个之间完全不同，两相分别的你。所以，如果自己是真的在修禅，那么万物此刻都在与我们同修。

这就是为什么我们要经常召唤自己，像医生自检一样反省自我。这一点很重要。这种修行应当时时刻刻不断反复进行。我们常说："即使是子夜，黎明也在其中。"意思是黑夜与黎明之间并无间隙。夏日结束前，秋天已到。我们应该用这种道理去理解我们的生活。应该带着这种理解修行，并以这种方法解决我们的困扰。其实，只需要专心去解决问题，如果你能够一心一意，便足够了。你只需去磨砖；那就是我们的修行。修行的意图并非将砖石打磨成宝石。只要继续坐着，那便是真正意义上的修行。至于是否有成佛的可能，或者砖石能否变成宝石，这些都不重要。能够带着这样的理解工作和生活在这个世界上，这才是最重要的。那就是我们的修行，那就是真正的坐禅。所以我们说："当你吃饭时，吃饭！"你知道的，你应该去吃面前的食物。有时你并没有吃它们。虽然你的嘴在吃着，你的心却去了别的什么地方。你并没有品尝嘴里的食物。只要在吃饭时能够专注于吃饭，那就对了。没有一丝忧虑，这便意味着你是你自己了。

当你成为自己时，你将看到事物的本然，你将与你的周遭合而为一。这是你的真我。这是你真正的修行；你在像青蛙一样修行。它是我们修行的榜样——当青蛙成为青蛙，禅便成为禅。当你越来越深透地理解了青蛙，你便开悟了；你就是佛。并同时有益于他人：丈夫、妻子、儿子、女儿。这就是坐禅！

坚定

> "一个认识到了'空'的状态的人,将能够永保坚定地解决自己的问题。"

我们今天的信息是,"培植你的精神"。它的意思是不要去外部寻找什么。这一点是很重要的。它也是修禅的唯一道途。当然,研读经典、诵经或打坐,这里的每一种活动都是禅。但是如果你的努力和修习没有正确的方向,就将是无用之功。不仅无用,它甚至可能破坏你的纯净本性。以至于你对禅的了解越多,这种破坏就越大。你的心将充满糟粕,你的心将被污染。

通常我们会搜集不同来源的片段信息,试图以此来提升认知。岂不知，这样做的结果是到头来一无所知。我们对佛教的理解不应停留在搜集信息、增加知识上。你应该做的不是搜集信息，而是净化你的心。如果你的心纯净了，你就已然拥有了真知。当你以一颗纯净、清洁的心聆听教法，你就能够像听到了早已熟悉的说法一样接受它。这就是空，就是全能的自我或全知。当你是全知的，你便仿佛夜空。有时会有一道闪电划破夜空。闪电过后，你会忘掉一切，夜空中没有留下任何痕迹。天空永远不会为突如其来的一声巨雷而震惊。当闪电划过天空，便可能出现奇妙景象。当我们拥有"空"，我们就时刻准备好了观察这些闪现的景象。

在中国，庐山因其烟岚景色而闻名。我还没有去过中国，但相信那里一定有很多美丽的大山。而看着白云青烟在山间缭绕一定赏心悦目。而美妙如此，仍有中国诗人写道："庐山烟雨浙江潮，未至千般恨不消。到得还来别无事，庐山烟雨浙江潮。"也就这样，但非常精彩。这是我们欣赏事物的方式。

所以，你应该把知识当作你已然了解的东西来接受。但这并不意味着你将各种不同信息仅仅当作自身主见的回音来接受。它的意思是对任何你见到或听到的东西都不要惊讶。假如你把所有的事都当作你的回音来接受，你就没有真正看见它们，或者没有充分接受它们的本然。所以，当我们说"庐山以其烟雨"而著名时，我们不要通过回忆曾经看到的某些景色来品味它："这谈不上壮美，我以前看过这样的景色。"或者"我曾经画过好看得多的画。庐山不过尔尔。"这不是我们的道途。假如你已经准备好接受事物的本然，你应该像接受老朋友一样接受它，即便你会带着新的感受来欣赏它。

同时，我们也不应囤积知识，我们应该让自己从知识中解放出来。假如你搜集各种知识片段，作为一种收藏可能是有益的，但这不是我们的道途。我们不应用自己的奇珍异宝去震惊别人。我们不应去追求某些特殊之物。假如你想充分地欣赏某物，你需要忘掉自己。你要像接受至暗天空中划过的闪电那样接受它。

有时我们会以为自己不可能学会不熟悉的东西，但其实没有什么东西对我们来说是陌生的。有些人可能会说："因为文化背景的差异，我们几乎不可能学懂佛教，我们怎么可能理解东方思维呢？"的确，佛教是不能从其文化背景中割裂出来的。但如果一个日本佛教徒来到了美国，他就不再是个日本人了。我生活在你们的文化背景中，我吃着跟你们几乎相同的食物，我用你们的语言跟你们交流。即便你们无法充分理解我，我也希望理解你们。并且我可能比所有使用英语的人都能更好地理解你们。这是有可能的。即便我完全不懂英语，我想我也能跟人沟通。只要我们存在在至暗天空里，只要我们存在在空性中，就一定存在一种理解的可能性。

我一直在说，假如你想理解佛教，你就必须有足够的耐性。但我一直在寻找比耐性更正确的词。日语单词"忍"通常被翻译成英文的"耐性"，但或许"坚定"是更好的表达。耐性是需要强迫的，但坚定中不涉及特别的努力——它只需要接受事物本然的恒常能力。对于没有空性意识的人来说，这种能力可能表现为忍耐，但忍耐实际上可能是不接纳。有了"空"的意识，哪怕只是直觉上的，便总是能够让人开放接受所有事物的本然的可能性。他们能够欣赏任何事物。他们做任何事时，哪怕是十分困难的事，都可以用自己的坚定来解决问题。

"忍"是我们培植自己的精神的方法。"忍"是我们坚持修行的道途，我们应当永远活在幽暗空阔的天空。天空永远是那个天空，即便云遮电闪，天空不为所动。即便开悟的闪电划过，我们的修行也会将它全然忘记，准备好迎接另一次开悟。我们需要一次又一次开悟，如果可能的话，是每时每刻的开悟。这就是所谓在得到之前和得到之后都存在的开悟。

沟通

> "不要刻意、花哨地整饰自己,真实表达自我是最重要的。"

沟通在禅修中是很重要的。因为我不能很好地使用你们的语言,所以我总是在寻找合适的方式来跟你们沟通。我认为这种努力一定会带来很好的结果。我们会说,如果不能理解师父所说的话,那你就不能算作他的弟子。理解师父所说的话,或者掌握师父所使用的语言就是理解师父本身。当你理解了他,你会听懂他的语言并不只是字面意思,而是另有深远之意。透过师父的言语,你将领会到他更多的言外之意。

在表达的时候，我们的主观意图和所处情境难免会牵扯其中。所以，完美的措辞是不存在的，每一个表述都可能出现一些歪曲。但无论如何，我们还是得通过师父的阐述去理解客观事实本身——终极事实。我们的所谓终极事实并不是永恒或不变的某些东西，我们指的是当下的每一个本然。你可以称它为"存在"或"实相"。

直接体验实相是我们修禅或学佛的根由所在。通过研修佛法，你将理解你的人性，你的智能和你的社会行动中的真相。这样的话，当你试图理解实相时，就可以将自己的人性考虑在内。但只有通过切实的坐禅你才能直接体验实相，并在真正意义上理解你的师父或佛陀所做的各种阐述。严格来说，实相是不可言表的，但如果你是一个禅弟子，你却必须直接通过师父的言语加以体会。

师父的直接表达可能不限于言语，他的举止同样也是他表达自己的方式。在禅修中，我们很重视举止或行为。所谓行为并不是说你需要按照特定的行为方式来表现，而是指你自己的自然表达。我们强调坦率。你应该忠于自己的感受，忠于自己的心，毫无保留地表达自己。这将更加有助于倾听者的理解。

当你倾听时，你应该放下所有的预设观念和主观意见；你应该单纯地倾听，并观察他的表现。我们几乎不关注对错与好坏。我们只是观察他的本然，接受它们。这是我们与他人沟通应有的方式。许多时候，在听讲某种观点时，你听到的是自己的回音。你其实是在倾听自己的意见。如果与你意见一致你就接受，如果不一致，你会拒绝，或者你根本就不听。这是我们在倾听中的一种危险。另一种危险是被观点所束缚。如果没有理解师父言语的真义，你会很容易被卷入了你的主观观念的某些东西所束缚，或被表述观点的某些特定方式所困扰。你会简单地把他说的话当作一种观点，却未理解话语背后的精神。这一类危险也是一直存在的。

因为父母总是有他们自己的意向，所以亲子之间往往很难有好的沟通。父母的用心通常是好的，但他们说话的方式，或表达自己的方式却往往没那么宽松，往往片面或不够客观。我们每个人都有自己的表达方式，并且很难因应不同的环境。如果父母能够设法具体情境具体处置，他们在子女教育中就不会遇到大麻烦。不过，这确实不容易。即便是禅师也会有他自己的表达习惯。西有禅师在训斥弟子时习惯于说："滚！"他有个弟子拿这话当真，真就离开了寺院！师父的意思并不是要赶走学生，这不过是他的表达习惯，他不是说"当心点！"而是说"滚！"。如果你的父母也有这种习惯，那你很容易误解他们。这种问题在你的日常生活中比比皆是。所以作为一个听者或弟子，你要澄清心中种种歪曲。如果一颗心充满了预设观念、主观意见或是惯习，它是不会向事物的本然开放的。这就是为什么我们要进行禅修：清洁我们的心，去除它与其他事物的牵连。

很自然地面对自己，同时恰当地顺应别人的所言所行，这的确很难。如果我们试图有意识地调整自己的某些方面，就不可能保持自然。如果你试图以某种特定方式调整自己，你将迷失自己。因此，自由地表达自己，不要刻意、做作地整饰自己，这是让自己快乐，同时也让别人自在的最重要的方法。而你可以通过修禅来获得这种能力。禅不是什么花哨的、特别的生活艺术。我们的教法就是去生活，永远在最现实、最确切的意义上生活。每时每刻尽己所能，这就是我们的道途。切实来说，我们在生活中所能学习的唯一事物，其实便是我们每时每刻的行动。我们甚至无法学习佛陀的教诲。因为要准确学习佛陀的教诲就意味着参透当下的每个行动。所以我们要全身心关注我们当下的行动，主观上和客观上都要忠实于自己，尤其要忠实于我们的感受。即便你的感觉不太好，在表达它的时候也最好不要附加评论或意有所指。所以你可以说："哦，对不起，我感觉不舒服。"这就够了。你不应该说："是你让我这么不舒服的！"这就过分了。你可以说："哦，对不起。我对你很生气。"你没必要在生气的时候非说自己不生气。你只消说："我生气了。"这就够了。

真正的沟通有赖于我们彼此间的坦率。禅师是坦率的。如果你无法直接通过师父的语词来领悟实相，他可能会对你举起棒子，大喝："这是怎么回事？！"我们的方法非常直截了当。但你知道，这并不是真正的禅。这不是我们的传统道途，只是我们发现，想要表达禅时，有时用这种方法更容易表达。沟通的最好方法或许还是打坐,不语。那样你方能领悟禅的全部意蕴。假如非要我对你举起棒子,那恐怕直到我疯或者你死,都是不够的。最好的方法是只管打坐。

消极与积极

" ....

大心是一种表达,而非一种探究。大心本自具足,无须向外寻觅。"

对我们的思想了解得越多,对它的讨论就越难。我的本意是谈谈有关我们的道途的几个观点,但实际上,它不是用来讨论的,而是用来实践的。最好的方式是只管去做,不着言语。讨论到我们的道途时,容易产生一些误解,因为真实的道路总是至少有两面,消极与积极。当我们讲到消极一面,积极一面会被遗漏;当我们讲到积极一面,消极一面会被遗漏。我们无法同时既讲积极又讲消极。所以我们不知如何言说。所谓讨论佛法几乎是不可能的。所以,什么都不要说,只管修习,这是最好的方法。伸出一根手指或画一个圆相,或者就是顶礼。

如果我们懂得了这一点,我们就会懂得如何讨论佛法,我们就会有良好的沟通。怎样讨论问题将是我们的修习之一,而怎样倾听这种讨论同样也是一种修习。当我们修禅时便只是修禅,不带任何获得心。当我们讨论问题时便只是讨论问题,只是讲消极与积极的方面,并不试图表达某种智识上的偏见。我们听的时候并不试图获取某些知性见解,不听取一面之词。这就是我们讨论教法和倾听讨论应有的方式。

曹洞宗的道途总有双重意蕴,消极与积极。同时,我们的道途既是小乘的也是大乘的。我总是说我们的修行是相当小乘的。但实际上我们是以大乘精神进行小乘修行——虽然修习有严格形制,但心无拘束。虽然我们的修习看起来非常形式化,但我们的心却不拘一格。虽然我们每天清晨在同一时间坐禅,但这不是称之为形式化的理由。形式化或非形式化是由你的分别心决定的。修行本身不存在形式化或非形式化。如果你有一颗大乘之心，那么被人称为形式化的东西可能就是非形式化的。所以我们说，以小乘的方式守戒在大乘之道里就是犯戒。假如你只是形式化地守戒，你就失掉了大乘之心。在理解这一点之前，你总会困惑：是应该谨遵教条呢，还是应该完全不关注那些形式？而假如你完全理解了我们的道途，那么这样的问题便不存在了，因为无论你做什么都是在修行。只要怀有大乘之心，就没有大乘与小乘的修行之别。哪怕你看起来是在犯戒，却是在真正意义上遵守着它们。关键在于你的心是"大心"还是"小我的心"。简言之，如果你做事时没有纠缠于好坏，如果你做事时全身心投入，那就是我们的道途。

道元禅师说过："当你跟某人谈论某事时，他可能不接受你的观点，不要试图从道理上说服他。不要与他争辩；只要听着他的反对意见，直到他自己发现其中的错误。"这很有意思。不要把你的观点强加于人，而要多为对方想想。假如你认为自己赢得了争论，那同样是一种错误的态度。不要试图在争辩中获胜；只需倾听；不过，像败者一般垂头丧气同样是不对的。我们在讨论事情时，通常倾向于推销我们的教法或强加我们的观点。但在禅门弟子间，说或听都没有特殊意图。我们有时听，有时说；就是这样。这就像彼此问候"早安！"，通过这样的沟通我们可以发展我们的道途。

不着言语或许很好，但我们没有理由永远沉默。无论你做什么——包括什么都不做——都是我们的修行。那是大心的一种表达。所以大心是一种表达，而非一种探究。大心本自具足，无须向外寻觅。大心是可以经由我们的行动来谈及和表达或者欣赏的。假如我们如此这般，以我们的方式守戒，小乘与大乘将无分别。只是当你试图通过严格、形式化的修行来获得某些东西时，它才会成为一个问题。但如果我们把所有问题都看作大心的表达而加以接纳，那么它就不再成为问题。有时，我们的问题是大心太过复杂，有时，却是大心太过简单乃至无法把握。大心仍然是大心。但是因为你想搞清楚它到底是什么，因为你想把复杂的心简单化，于是它成了问题。所以，你的生活中是否存在问题，这取决于你自己的态度和理解。如果你有大乘之心，理解真理的双重性和悖论性就不会成为问题。真正的坐禅可以带来这种心。

涅槃，瀑布

" ……………………………………………………………………

生与死是同一件事。当我们认识到这一点，便不再对死亡有任何恐惧，生活里也不再有真正的烦恼。"

如果去日本参观永平寺，你在进入寺院之前会看到一座小桥，名叫"半勺桥"。道元禅师当年从河中取水时总是只取半勺，将剩下的倒回河中，而不是随意泼掉。这就是为什么我们把它叫作"半勺桥"。在永平寺，当我们洗脸时，我们的脸盆只盛七分水。洗过之后，我们把水朝向自己的身体倒掉，而不是向外倒掉。这样做是表示对水的尊重。这种做法不是出于任何经济考虑。我们或许很难理解，道元为什么要将打起来的水再倒回河里一半。这种修行超出了我们的理解。如果我们感受到了河流的美好，与水合一，我们也会本能地像道元一样做。这是我们的真实本性使然。但如果你的真实本性为经济或效率的观念所蒙蔽，道元的做法便毫无意义。

我曾经去过约塞米蒂国家公园，看到了一些大瀑布。最大的瀑布有408米高，仿佛一块幕布从山顶落下。由于距离的原因，瀑布并不像我们想象的那样飞流而下，而是徐徐流动。水流也不是想象中的一个整体，而是劈分成了许多细小支流。远望时它像是一块水幕。我想，对于每一滴水来说，从高山之巅跌落都是一段非常艰难的经历。你知道的，它需要时间，在落达谷底之前需要很长一段时间。在我看来人生也是这样。我们在生活中要经历许多艰难。但同时我在想，水流并不是从发源开始就分离的，最初它是一整条河流。只是当它分裂时才在跌落中遇到了困难。就好比当水滴还是一条河流时它不具有感觉，只有分裂成水滴时它才开始具有或表现出感觉。当我们看着一条河流时我们感觉不到水的生生流动，但当我们用勺子舀起一些水时，我们体会到了一些水的感觉，同时我们也体会到了用水的人的价值。我们可以通过这种方式来感受水和自身，而不是仅仅把它当作物质。水是有生命的。

在我们出生之前，我们没有感觉；我们与宇宙是合一的。这被称作"唯心"，或"心性"，或"大心"。当我们经由出生而与整体分离，就像水滴被风和岩石从瀑布中分割出来之后，我们有了感觉。你有了感觉，于是你开始有了对困难的体验。你执着于自己的感觉却不曾意识到这种感觉是如何被创造出来的。当你没有与河流合一、与宇宙合一的意识时，你就有了恐惧。无论是否被分割为水滴，水依然是水。我们的生与死是同一件事。当我们认识到这一点，便不再对死亡有任何恐惧，生活里也不再有真正的烦恼。

当水回归了与河流的原初合一性时，它不再有任何个体的感受；它回归到自己的本质，找到了平静。能够回归到原初的河流，水该是多么欢喜啊！如果是这样，那么我们死去时会是什么感受？我想我们亦如勺中之水。我们将回归平静，至美之静。但此时，这对我们而言太过完美了，因为我们尚且过分执着于自己的感觉、执着于自己的个体性存在。此时的我们对死亡尚有恐惧，但当我们回复到原初本性，便是涅槃。这就是为什么我们会说"涅槃即逝去"。"逝去"不是一个很正确的表达。更合适的表达或许是"往生""去往"或"加入"。你愿意去为死亡找一些更好的表达吗？当你找到了，你对自己的生命会增加很多新的理解，就像我看到大瀑布的水时的体验。想想！408米高啊！

我们说，"空生万物"。一条完整的河流与一颗完整的心都是空。达到这样的理解我们就找到了生活真谛。如果达到这样的理解我们就能看到人生之美。而在认清这个事实之前，我们看到的都不过是幻象。我们有时高估了美，有时轻视或忽略了美，因为我们的"小我的心"不能贴切现实。

这些话说来简单，但要感同身受却并不容易。不过，你可以通过坐禅来培育这种感受。当你能够全身心投入地坐着，保持同一心统领下的身心合一性，你就很容易得到这种正确的感悟。不再执着于生活中的陋见，我们的日常生活因此焕然一新。当你得到这个真见，便会发现过往的见识毫无意义,而自己又曾做过多少无用之功。你将发现生活的真义,尽管人生仍如瀑布,自山顶直坠谷底饱含艰难,但你仍能享受你的人生。

第三部分

正确的认识

> "我们对佛法的理解不应只停留在智性的理解上,真正的理解是切实的修行本身。"

禅的传统精神

> 假如你在追求开悟,你就是在制造业力并受其驱动,你就是在黑蒲团上浪费时间。"

身体姿势和呼吸之道是我们修行中最重要的方面。我们并不十分注重深入理解佛法。作为一种哲学,佛法深邃、广博,思想体系严密,然而禅所注重的并非哲学理解。我们强调的是修习。我们需要理解的是为什么我们的身体姿势和呼吸练习如此重要。相较于更深地理解教法,我们需要的是更加坚信教法,也就是相信我们本自具有佛性。我们的修行是以这个信心为基础的。

早在菩提达摩到达中国之前,几乎所有的禅宗术语就都已经在使用了。例如，有个词叫"顿悟"。将"顿悟"翻译成"sudden enlightenment"未必合适，但我们姑且使用这个表达。我们在突然之间开悟，这是真正的开悟。在达摩之前，人们认为要经过一段漫长的准备，顿悟才会来临。这样的话，禅修就是为达到开悟而进行的修习。实际上，今天仍然有许多人带着这种观念修禅。但这不是我们对禅的传统理解。自佛陀而降，我们的理解是，当你开始坐禅，开悟便在其中了，甚至无须任何准备。无论是否修禅，我们本具佛性。因为本具佛性，所以你的修行中才会有开悟。我们强调的重点不是你达到的阶段，而是对我们原初本性的坚信和对修行的虔敬。我们应该像佛陀一样虔敬地修禅。如果我们本自具有佛性，那么修行的根由便是要像佛陀一样行动。传承我们的道途便是传承我们来自佛陀的精神。所以我们必须以传统的方式协调我们的精神、我们的身体姿势和我们的活动。当然，你可能达到一些特定的阶段，但是修行的精神却不应以自利观念为基础。

按照佛教的传统理解，我们的人性中本没有自我。当我们没有了自我观念，我们就具有了佛的人生观。自我观念是一种幻象，遮蔽了我们的佛性。我们不断制造和追随着自我观念，并且循环往复着这个过程，直致自我中心观念充斥了全部生命。这被叫作"业力生命"或者"业报"。佛教徒的生命不该是业力生命。我们修行的目的是截断业力运转之心。假如你在追求开悟，你就是在制造业报并将受其驱动，你就是在黑蒲团上浪费时间。按照菩提达摩的理解，任何以获得心为基础的修行都是业报运转。后来的许多禅师却将此抛之脑后，强调通过修习去达到某些阶段。

比达到某个阶段远为重要的是你的虔敬，是你的正确努力。正确的努力则必须基于我们对传统修习的正确理解。假如你理解了这一点，你就能理解保持正确的姿势有多么重要。而假如你不能理解这一点，那么姿势和呼吸之道便都不过是达到开悟的一种工具。假如你抱持这种态度，那么与其交脚坐还不如去吃药！假如修行只是达到开悟的一种工具，那其实我们永远也达不到开悟！我们迷失了通往目标之路的意义。但如果坚信自己的道路，那我们实际上已经开悟了。当你相信自己的道路，开悟便在其中。而如果你不能相信自己当下修行的意义，你便一无所得。你只是围着目标打转，心猿意马。你一直寻寻觅觅却不知自己当下在做什么。假如你想看见什么，你首先得睁开眼睛。而当你还不懂菩提达摩的禅时，就像是闭着眼睛但试图去看。我们并非轻视获得开悟的念头，但最重要的是当下，而非将来的某日。我们必须在此刻努力，这是你的修行中最重要的一点。

在菩提达摩之前，研习佛法的结果是形成了博大精深的佛教哲学，人们试图获得更高层次的认识。这是一种错误。菩提达摩认识到，制造博大精深的理想目标，然后试图以禅修为手段实现这种目标，这是一种错误。如果这便是我们的禅修，那它与我们的惯常行动或猿心并无二致。它看起来似乎很好，是非常高远、神圣的行动，但实际上却与猿心无异。这是达摩所强调的一点。

在佛陀开悟之前，他为我们做了各种尝试和努力，并最终对各种不同方法有了透彻的理解。你可能以为佛陀达到了某个可以摆脱业力生命而获得自由的阶段，但其实不是这样。佛陀讲过很多关于开悟后的体验的故事。他与我们并无不同。当他的故土与一个强大的邻国陷入战争时,他对弟子们讲到自己的业报,以及他看到自己的国家将被邻国国王征服时所承受的折磨。如果他已经成为一个没有业报的开悟者,他就没有理由如此痛苦。并且,即便在开悟之后,他也继续着我们今天这样的努力。但他的生命观毫不动摇。他的生命观坚定不移,他观察着每一个生命,包括自己的生命。他用同样的目光观察自己和他人,就像观察石头、植物和任何其他东西一样。佛陀有一种非常科学的认识。这就是他开悟之后的生活方式。

当我们遵循传统精神和自然规律,不带任何自利观念地践行我们的道途,我们就能达到真正意义上的开悟。而认识到这一点,我们就能每时每刻都尽最大努力。这是对佛法的正解。所以我们对佛法的理解不应只停留在智性的理解上。我们的理解同时也是佛法的自身表达,是修行本身。我们只有通过修行,真正的修习,而不是阅读或哲学思考,才能理解佛法的真谛。我们应该坚持不懈地坐禅修行,对我们的真性充满信心,打破业力羁绊,找到我们在修习世界中的位置。

无常

> " 我们当在不完美的存在中寻找完美的存在。"

无常或变化是佛法的基本教法。每一个存在的基本规律就是变化无常。这个真理无可否认,它凝聚了所有的佛法教义。它普适于我们每个人。放之四海而皆准。这个教法也可以理解为无我法。因为每一个存在都变动不居,所以也不存在恒定的自我。事实上,每一个存在的自性也仅只是变化本身,这是所有存在的自性。每个存在的特殊的、分离的自性是不存在的。这也被称为涅槃法。当我们认识到"万物皆变"是永恒真理,并在这种认识中找到平静，我们自身便在涅槃之中了。

离开对万物皆变的接受，我们便无法找到完美的平静。但不幸的是，虽然这是真理，我们却很难接受它。因为我们不能接受无常的存在，深感痛苦。所以，痛苦的根由在于我们拒绝接受这个真理。所以，痛苦的根由与万物皆变，这两个教法是一枚硬币的两面。而主观看来，无常是痛苦的根由。客观看来，万物皆变是基本规律。道元禅师说过："一种教法，如果听起来好像并没有强迫你接受什么，那它就不是真正的教法。"教法本身是正确的，它也并没有强加我们什么，但出于某种人性，我们在接受教法时总是感觉被强加了。但无论我们感觉如何，这是真理。如果没有任何存在，这个真理便不存在。佛法之所以存在，是因为每个特定存在的存在。

我们当在不完美的存在中寻找完美的存在。我们当在不完美中寻找完美。对我们而言，至美无异于不完美。永恒的存在是因为没有永恒的存在。在佛法中，期待这个世界之外的某种东西是一种外道。我们不寻求自身之外的东西。我们将经由自身的困境、自身的痛苦，去寻找这个世界的真理。这是佛法的基本法。快乐无异于困苦。好无异于坏。坏便是好；好便是坏。它们是一枚硬币的两面。所以，开悟应在修习中。这是对修行应有的理解，这是对我们的生活应有的理解。所以，在痛苦中寻求愉悦是我们接受无常性的唯一道途。不懂得怎样接受这个真理，你便无法生活在这个世界。哪怕你试图逃避，你的努力终归徒劳。如果你认为还可以用其他方式去接受万物皆变的永恒真理，那是一种幻象。这是我们如何生活在这个世界的基本法。无论你对它感觉如何，你都得接受它。你必须做出这种努力。

所以，我们必须不断这样努力，直到我们强大到能够像接受愉悦一样接受困苦。实际上，如果你变得足够诚实，或者足够坦率，接受这个真理也并没有多难。你可以稍稍改变一下你的思考方式。这确实不容易，但它不会一直那么难。有时它确实很难，但有时它并非那么难。如果你正在承受痛苦，你可以从万物皆变的教法中得到一点安慰。身陷困境时，你会很容易接受这种教法。那其他时候为什么不能接受呢？这是同样的道理。有时你会笑话自己，看到自己有多么自利。但是无论你对这种教法有什么感受，改变思考方式、接受无常的真相对你来说都是极其重要的。

存在的本质

> "假如你做事时能够坚定地心无旁骛,那么你的心的状态的本质便是行动本身。当你专注于自身的存在,就是在为行动做准备。"

我们禅修的目的是在存在中获得身心自由。按照道元禅师的说法,每一个存在都是广袤的现象世界里的一道闪电。每一个存在都是存在自身本质的另一种表现。我经常在清早看到很多晨星。星星不过是以极快的速度划过遥远的天体的一道光。但在我看来星星却不是快速移动的物体,而是宁静、稳定而平和的。我们说:"静中有动,动中有静。"实际上它们是同一件事;说"平静"或"活动"不过是在表达对同一个事物的两种解释。我们的活动中存在着和谐，而和谐之中便存在着宁静。这种和谐是存在的本质。而存在的本质同时也就是高速运动。

打坐时我们会感到非常宁静安详，但实际是我们不知道在我们的存在中进行着怎样的活动。我们的生理系统的活动无比和谐，所以我们感觉到的是它的宁静。虽然我们对它没有感觉，但本质就在那里。所以我们没必要为是宁静还是活跃，是静止还是运动而困扰。假如你做事时能够坚定地心无旁骛，那么你的心的状态的本质便是行动本身。当你专注于自身的存在，就是在为行动做准备。活动无外乎就是我们存在的本质。当我们坐禅时，我们宁静、稳定、安详的本质，就是存在本身的无限活动的本质。

"每一个存在都是广袤的现象世界里的一道闪电"，它意味着我们的活动和我们的存在是自由的。如果你能以正确的姿势坐着，怀有正确的认识，即便你只是一个短暂的存在，也能获得你的存在的自由。在这个时刻，这个短暂的存在没有变化，没有运动，并且一直独立于其他存在。在下一个时刻，另一个存在升起，我们可能会变化为其他存在。严格说来，昨天的我和今天的我之间并无瓜葛；其间全无瓜葛。道元禅师说："炭不成灰。"灰烬是灰烬；它们不属于木炭。它们拥有自己的过去和未来。它们是独立的存在，因为它们都是广袤的现象世界里的一道闪电。并且，木炭和熊熊烈火也是完全不同的存在。黑色木炭同样是广袤的现象世界里的一道闪电。只要是黑色木炭便不是通红的木炭。所以黑色木炭是独立于通红的木炭的；灰烬是独立于木炭的；每一个存在都是独立的。

今天我坐在洛斯阿尔托斯，明天清晨我应该是在旧金山。洛斯阿尔托斯的"我"和旧金山的"我"之间并无瓜葛。它们是完全不同的存在，如是我们具有了存在的自由。同样，你我之间也没有质的联系；当我说"你"，此处没有"我"；当我说"我"，此处没有"你"。你是独立的，我也是独立的；各自存在于不同的瞬间。但这并不意味着我们是完全不同的存在。我们实际上是同一个、同样的存在。我们是相同的，又是不同的。这似乎很荒谬，却是真实的。因为我们是各自独立的存在，所以我们中的每一个都是广袤的现象世界里的一道完整闪电。当我坐禅时，旁若无人，这并不是说我无视你们。我与现象世界中的每一个存在完全合一。因此，当我坐着时，你也在坐着；一切都与我同坐。这就是我们的禅道。当你坐着时，一切都与你同坐。同时，万物共同构成了你的存在的本质。我是你的一部分，参与形成了你的本质。在这种修行中，我们因此获得了摆脱一切的绝对自由。假如你洞悉了这个秘密，你的修行和日常生活之间将无不同。你可以从心所欲地理解一切。

一幅精美的画作是手指的感觉的成果。如果你能感觉得出画笔上墨汁的浓度，那么在落笔之前，画作其实已成竹在胸。在画笔蘸上墨汁时，你就已经知道能画出什么了，若非如此，你是不能作画的。所以，在你做某事之前，"存在"就已经在那里了，结果就已经在那里了。即使你似乎在安静地坐着，你过去和现在的所有活动都已在其中，打坐的结果也已在其中。你根本不是在休息。所有的活动皆囊括在你的内里。这就是你的存在。所以，你的打坐之中包含了你所有的修行成果。这就是我们的修行，我们的禅。

道元禅师从小就对佛教产生了兴趣，当他看到逝去的母亲身旁燃着的一炷香，青烟缕缕，他感受到了生命的转瞬即逝。这种感受在他内心不断发展，最终达到开悟，并发展出深厚的哲学思想。当他看到香烟缭绕，感受到生命短暂时，他觉得非常孤独。而这种感觉越来越强烈，直到二十八岁那年结出正果，达到了开悟。在开悟的时刻他惊呼道："没有身，没有心！"当他说"没有身，没有心"的时候，他的存在成为广袤的现象世界里的一道闪电，一道包含万物的闪电，遮蔽所有存在，其中蕴含巨大的本质，全部的现象世界都囊括其中，一个绝对的独立的存在。这就是他的开悟。始于生命无常的孤独感受，最终获得了自身存在的本质的强烈体验。他说："我脱落了心和身。"因为你认为自己有身或心，所以你产生了孤独感，但当你认识到所有的存在都只是广袤的现象世界里的一道闪电，你会变得非常强大，你的存在会变得充满意义。这就是道元禅师的开悟，这就是我们的修行。

自然

> "一刻又一刻，万物自无中出现，这是生命中的真正喜乐。"

关于自然这个观念，人们有一个巨大的误解。来我们这里的很多人大抵是相信自由和自然的，但是他们的理解往往是我们所称的外道或曰异端的自然。外道意味着在这里无须拘泥形式——也就是一种放任策略，或者说轻松随意。那就是对很多人来说的自然。但它却不是我们所指的自然，这有点难以解释，我想，我们所说的自然多少包含了独立于一切的感觉，或某种基于无的活动。出自无的东西是自然的，就像一颗种子或一株植物冒出地面。种子并没有刻意长成什么特别的植物，但它具有自己的形态，并与自己所处的地面和环境完美融合。随着成长，它在时间的推移中表现出了自己的本性。没有任何存在是无形无色的。无论什么东西都有自己的形态与颜色，而且这些形态与颜色会与其他存在完美融合。这样便不存在问题，这就是我们所指的自然。

自然性对于一株植物或一块石头来说是不成问题的，但对我们来说却有点问题。实际上，是很大的问题。要做到自然是需要我们付出努力的。当你所做的事情完全出自无时，你会有一种全新的感觉。比如，当你饿了，吃一些东西是自然的。你会感觉自然。但如果你期望过多，吃东西就不再是自然的。你不会有新鲜的感觉。你无法欣赏到食物的美味。

真正的坐禅是坐着时仿佛饮水解渴。这时你是自然的。瞌睡时小憩也是非常自然的。但是，因为懒散而打盹，好像偷懒打盹是人的一种特权，那是不自然的。"我的朋友们都在打瞌睡，为什么我不可以？在其他人都不工作的时候，为什么我要努力工作？为什么他们都那么有钱，而我却没有？"如果你这样想，那是不自然的。

你的心纠缠于其他念头，纠缠于其他人的念头，你不是独立的，你不是你自己，也不自然。即便你交脚而坐，假如你的坐禅不自然，那也不是真正的修习。你渴的时候无须强迫自己喝水；你会乐意饮水。假如你坐禅时有真喜乐，那是真的坐禅。不过，即便你是强迫自己坐禅的，但只要在坐禅中感到了妙处，那也是真的坐禅。实际上，是否强迫自己做或不做某事并不重要。哪怕做的时候遇到困难，但只要你想坐禅，那就是自然。

这种自然很难加以解释。但如果你能做到只管打坐，在修习中体会真切的无，也就无须加以解释。如果出自无，你无论做什么都是自然的，并且是真实的活动。你将在其中体会到修行的真正喜乐，享受到人生的真正喜乐。一刻又一刻，万物自无中出现。一刻又一刻，我们有了生命中的真正喜乐。所以我们会说"真空妙有"，意思是"奇妙的存在从真正的空里产生。"

离开无，就没有自然——就没有真正的存在。真正的存在来自无，一刻又一刻。无一直在，万物自无中出现。而通常你会忘掉无，而像有什么一样地行动。你所做的事情是基于一些进取的或特定的想法，这种状态并不自然。比如说，当你听一场讲座时，你不应该有任何有关自己的观念。在你倾听他人时，不应该有自己的观念。放下你心中的想法，专注倾听对方的话。心中无物就是自然的状态。如此你才能理解对方所言。但如果你总有自己的想法去比较他人所说的，你就听得不全面，你的理解将是片面的；这不是自然的。当你做事时，应全神贯注，将整个身心完全奉献其中。如此你有了空。所以如果你的活动中没有真正的空，那就是不自然的。

大多数人会坚持某种信念。近一段时间以来，年青一代大谈爱情。爱！爱！爱！他们的心中充满了爱！当他们开始学禅，如果我所说的东西不符合他们的爱的观念，他们就不接受。你知道，他们非常固执。简直令人惊叹！当然不是全部，但有些人的态度是非常、非常强硬的。这是彻头彻尾的不自然。虽然他们谈论着爱、自由或自然，但他们并不理解这些。这样的他们也无法理解禅。假如你想学禅，你应该忘却所有成见，只管打坐，并去观察你在修行中体会到了什么。那是自然的。

无论你做什么，这种态度都是必要的。我们有时候会说柔软心，"柔软的或有弹性的心"。柔软心是平顺、自然的心。当你有了这样的心，你就有了生活中的喜乐。而当你失去了这颗心，你会失去所有。你便一无所有。虽然你认为你拥有着什么，其实你一无所有。但如果你所做的皆来自无，那你就拥有了所有。大家明白了吗？这就是我们所说的自然。

空

" 当你学习佛法时,应该对自己的心做个大扫除。"

你想要理解佛法,就要抛弃所有成见。首先,你必须放下实体或实有的观念。对生命的一般看法是牢固根植于实有观念的。对于大多数人来说万物都是实有的;他们认为他们看到和听到的都是实有的。当然,我们看到和听到的小鸟是实有的。它存在着,但我说的存在和你说的存在却未必是同一个意思。佛教对生命的理解包括了存在和不存在两方面。小鸟在同一时刻既存在又不存在。我们认为单以实有来看待生命是外道。如果你对存在的实体性和恒久性过分较真，你便是外道。大部分人可能都是外道。

我们说，真正的存在来自空又复归于空。出自空的存在才是真正的存在。我们必须进入空性之门。这种关于存在的观念很难阐释。现在，很多人至少在智性上开始感觉到现代世界的空虚，或者他们自己的文化的内在矛盾。比如说，在过去，日本人对自己的文化和传统生活方式的永续恒昌有着坚定信心，但是战败之后，他们开始强烈怀疑。有人认为这种怀疑态度很糟糕，但它其实好过陈旧的观念。

只要我们对未来有某种确定的观念或希望，我们就无法真正认真地对待当下的存在。你可能会说，"这件事我可以明天做，或者明年做"，以为今天存在的东西明天依然存在。即便没有努力追求，你仍然期望，只要按部就班，美好的事情便会如约而至。然而，没有什么规矩是永续不变的。没有什么路是为我们量身定做的。一刻又一刻，我们必须去寻找我们自己的路。他人确立的某些完满的观念，或正确的道途，并不是适合我们的真正道途。

我们每个人都必须开辟自己的真正道途,当我们找到这条路时,这条路将会体现出大道。这听起来很玄妙。当你越来越透彻地了解一件事后,你将洞悉一切。当你试图去洞悉一切时,你会连一件事都搞不明白。最好的做法是去理解自身,然后便能理解万物。所以,如果你去努力开辟自己的道路,你就能帮助到他人,并且你也能得到他人的帮助。而在你努力开辟自己的道路之前,你无法帮助他人,也无法得到他人的帮助。要在这种真正的意义上获得独立,我们就必须抛弃心中既有的成见,一刻又一刻,去发现完全不同的、新鲜的东西。这就是我们在世间应有的生存之道。

所以,我们说真正的理解来自空。当你学习佛法时,应该对自己的心做个大扫除。你要把你房间里所有的东西搬出去,然后彻底清扫它。有必要的话,你可以把所有的东西再搬进来。你可能想要很多东西,那就把它们一件一件搬进来。但如果不再需要,就没必要再保留它们。

我们看到飞翔的鸟。有时我们看到它飞翔的踪迹。实际上我们无法看到飞鸟的踪迹,但有时我们就是感觉好像看到了。这也很好。如果有必要，我们可以把搬出房间的东西再搬进来。但是在把东西搬进来之前，你需要把某些东西清理出去。若非这样，你的房间将被陈旧、无用的垃圾塞满。

我们有句话说："一步一步地，我止息了潺潺溪流的水声。"在小溪旁漫步时你会听到流水声。水声是延续不断的，但如果你想你就一定可以让它停歇。这就是自由；这就是断念。你心中的念头也是一个接一个地延续不断，但如果你想停止你的思绪也一定可以。所以，当你能够止息潺潺溪流的水声，你一定很享受这种努力的感觉。但如果你固守一些成见或者被一些做事的习惯所束缚，就无法在事物的真正意义上品味它们。

如果你寻求自由，你就无法真正获得它。在获得绝对自由之前，必须具有绝对自由本身。这就是我们的修行。我们的道路并不是总朝着一个方向走。有时我们向东走，有时我们朝西去。向西前进一英里就意味着自东后退一英里。通常情况下，往东走一英里和往西走一英里是相反的。但是，如果我们有可能往东走一英里，那就意味着我们同样有可能往西走一英里。这就是自由。

缺乏这种自由，我们便无法专注于自己正在做的事情。你可能认为自己正专注于某事，但在获得这种自由之前，你会在所做的事情中感到不自在。因为你会为向东或向西的某些念头所束缚，你的行动陷于二分法或二元性。只要受二元性束缚，你就不可能获得绝对自由，也无法做到专注。

专注并不是努力地观察某个事物。坐禅中，如果试图注视某一个点，大概五分钟左右你就会疲劳。这不是专注。专注意味着自由。所以你的努力应该指向无。你应该专注于无。在禅修中，我们说你的心应该放在自己的呼吸上，而要把心放在呼吸上就要求你忘掉自我，只管打坐并感受你的呼吸。如果你专注于自己的呼吸就会忘掉自我，如果你忘掉了自我就会专注于自己的呼吸。我不知道哪个在先。所以，实际上没必要过分用力地关注自己的呼吸。尽力而为就好了。如果坚持修习，你终将体会到出自空的真正的存在。

准备，正念

" ....

心的准备就绪，是一种智慧。"

在《心经》中，最重要的一点当然是空的观念。在我们理解空的观念之前，所有事物看似都是实有的。但是当我们意识到事物的空性，万物都变得真实——而非实有。当我们意识到我们所看到的事物都不过是空的一部分，我们便不再执着于任何存在；我们意识到万物都不过是短暂的形与色。我们由此认识到了每个短暂存在的真实意义。第一次听到万物不过是暂时的存在的观点，我们大多数人会很失望；但这种失望源自对人和自然的错误认识。当我们发现万物仅有一个短暂存在因而失望，是因为我们的观察方式深深根植于自我中心观念。而如果我们真正领悟了这个真相，我们将没有痛苦。

《心经》里说："观自在菩萨，行深般若波罗蜜多时，照见五蕴皆空，度一切苦厄。"这是说，菩萨不是在克服苦痛之后领悟到这个真相——而是领悟这个真相本身可以减轻苦痛。所以，领悟到这个真相本身就是解脱。我们说"去领悟"，但其实这个真相一直唾手可得。不是坐禅之后我们才能领悟，甚至在坐禅之前，领悟就在那里了。开悟不是在我们懂得了这个真相之后才能达到。领悟这个真相无非就是活在当下——活在此处，此刻。因此，它不是一个需要去理解的问题或者需要去修习的问题。它是一个终极事实。在《心经》中佛陀指出了我们每时每刻都要面对的这个终极事实。这一点非常重要。这就是菩提达摩的禅。甚至在我们修禅之前，开悟就在那里了。但我们通常会把修禅和开悟理解为两件不同的事：这是修习，就像一副眼镜，当我们修习时，就像戴上了眼镜，我们看到了开悟。这是一种错误的理解。眼镜自身就是开悟，把它们戴上也是开悟。所以无论你做什么，或者，甚至你什么都不做，开悟就在这里，一直都在。这就是菩提达摩对开悟的理解。

你无法修真正的禅，因为是"你"在修禅；假如你没有修禅，那么开悟便在这里了，真正的修习便在这里了。当你在修禅，你便制造了一些有关"你"或"我"的具体观念，制造了一些有关修习和修禅的特殊观念。如此，你就到了右边，而禅到了左边。如此，禅和你就成了两个不同的东西。假如修习和你成为一体就是禅的话，这就是青蛙的禅。对一只青蛙而言，它坐着的姿势就是禅。当一只青蛙在跳跃，那就不是禅。如果你真正理解了空意味着一切都一直在这里，那么这种误解就会消失。一个整体性的存在不是所有事物的累加。整体性存在不可能分割为一个个部分。它一直在这里、一直发生作用。这就是开悟。所以，实际上不存在什么特定的修行。《心经》里说："无眼耳鼻舌身意……"这个"无意"就是禅心，它包罗万象。

在我们的理解中，最重要的是要有一种顺畅而自由的观察方式，在思考和观察事物时应当不受阻滞。我们应该毫不费力地接受事物的本然。我们的心应该是柔软和开放的，足以理解事物的本然。当我们的思维是柔软的，它被称作不动摇的思维。这种思维总是稳定的。这被称为正念。散乱的思维不是真正的思想。我们的思想应该体现专注。所谓正念，无论是否有目的，你的心都应该坚定而不杂乱。这是禅道。

不必着力以某种特定方式去思考。你的思想不应该是片面的。我们要做的只是全心投入思考，毫不勉强地按照事物的本然去看待它。只是去看，并做好准备全心投入地去看，这是修禅。如果我们为思考做好了准备，就无须再去努力思考了。这被称作正念。正念亦即智慧。我们所说的智慧并非某种特殊能力或哲学。准备就绪的心就是智慧。是的，智慧可以表现为各种哲学和教法，各种研究和学习。但我们不应陷入对某种特定智慧的执着，比如，佛陀所传授的智慧。智慧不是某种可以学到的东西。智慧出自你的正念。因此，要点是，做好观察事物的准备，做好思考的准备。这可以叫作你的空心。空无外乎修禅。

相信"无"

"
我们在日常生活中的思考百分之九十九都是以自我为中心的。'为什么我会受苦？为什么我会有烦恼？'"

我认识到，我们需要相信"无"，绝对需要。也就是说，我们必须相信一些没有形式和颜色的东西——在所有形与色出现之前便存在的一些东西。这一点非常重要。无论信仰什么神或者学说，如果过于执着，你的信仰就是建立在或多或少的自我中心观念基础上的。你追求一个完美信仰是为了拯救自己。但要实现这样的完美信仰是需要时间的。你将会陷入一种理想主义的修行。在不断追求实现理想时，你将会没有多余的时间保持平静。但是如果你时刻准备好接受这一事实，即我们所看到的一切都是从无中出现，懂得是因为某种原因而显现了这样那样的形与色的现象存在，那么在那一刻，你将拥有完美的平静。

当你头痛时，一定是有什么原因导致了头痛。知道了头痛的原因，你的感觉就会好一些。但如果不明原因，你可能会说："啊，我的头疼得要命！这可能是因为我的修习不太对。假如我的冥想和坐禅是得当的，我就不会有这种麻烦！"假如你这样理解自己遇到的情况，那么在达到完美之前你都无法对自己和自己的修习有充分的信心。你将会忙于各种尝试，我担心你会没时间去获得完美的修习，于是你恐怕会一直头痛下去！这是一种相当愚蠢的修行。这种修行是没有作用的。但如果你相信在你头痛之前就已存在的一些事物，当你知道了头痛的原因，自然，你的感觉就会好一些。头痛没什么大不了的，因为你的健康足以对付一次头痛。如果你的胃痛了，你的胃的健康足以承受一次胃痛。如果你的胃已经习惯于自身糟糕的状态，你反倒就感觉不到痛了。这才是真正可怕的！你可能会因为胃的问题而送命。

是的,每个人都绝对需要相信无。但我这里的意思不是虚无。这是某种东西,而这种东西随时准备采用特定的实相,并且它的活动中有着一些规则、理论或真理。这可以称为佛性,或者就是佛陀本身。当这些存在被人格化,我们称其为佛;将其理解为终极真理时,我们称其为法;当我们接受这个真理,把自己当作佛的一个部分或遵照佛法来行事时,我们称自己为僧伽。不过,尽管佛有三种相,却是同一种无形无色的存在,并随时准备采用特定的形与色。这不只是理论,这不只是佛法教义,这是我们在生活中必须具备的理解。离开这种理解,我们的宗教对我们便毫无帮助。我们将被自己的信仰所束缚,并因此而遇到更多麻烦。如果你成为佛教的俘虏,我可能会很乐意,但你可能就没那么愉快了。所以这个理解非常、非常重要。

在修禅时,你可能听到过暗夜里的雨水自屋檐滴落。然后,美妙的雾气在大树间缭绕,再迟一些,人们开始劳作的时候,他们会望见美丽的山峦。但是有些人清晨还躺在床上,他们听到雨声却会烦躁,因为他们不知稍后将看到美丽的日出东方。如果我们的心聚焦在自身，我们便会有这种烦恼。但是如果我们能够把自身当作真理或佛性的体现，我们就不会有烦恼。我们会想："现在在下雨，但不知下一刻将发生什么。等我们出去的时候可能是一个大晴天，或者是一个暴雨天。因为我们不得而知，那就欣赏当下的雨声吧。"这种态度是正确的态度。如果你理解到自身是真理的一个暂时性体现，那么无论怎样你都不会感到困扰。你会品味你的境遇，即便身处困境，你会将自己作为佛陀的伟大行动的一个精彩部分加以品味。这是我们的生活之道。

用佛教的术语来说，我们应该从开悟开始，然后继续我们的修行，然后继续我们的思考。一般而言，思考是相当自我中心的。我们在日常生活中的思考百分之九十九都是以自我为中心的。"为什么我会受苦？为什么我会有烦恼？"这类思考占据了我们思考的百分之九十九。举个例子，当开始学习科学或阅读一本艰深的经书时，我们很快就会疲倦或昏昏欲睡。而对自我中心的思考我们却总是十分兴奋、饶有兴趣！但如果第一步是开悟，开悟先于思考，先于修习，你的思考和修习就可以免于以自我为中心。我这里的开悟指的是相信无，相信某种无形无色但随时准备采用某种形色的存在。这种开悟是不变的真理，我们的行动、思想和修行都应该基于这个原初的真理。

执，不执

"我们对某些美好事物的执，也是佛陀活动的一部分。"

道元禅师说过："即使是子夜，黎明也在其中；即使是黎明，黑夜也在其中。"这一类的表述将佛陀开示传至禅宗祖师，从禅宗祖师传至道元，再传至我们。黑夜与白昼并无不同。同样一段时间，有时被称为黑夜，有时被称为白天。它们是一回事。

禅修和日常活动也是一回事。我们把修行叫作日常生活，把日常生活叫作修行。但我们通常会这样想："现在禅修结束了，我要去进行我的日常活动了。"这是不正确的理解。它们本是同一件事。我们无路可逃。所以动中有静，静中有动。静与动并无分别。

每一个存在都对其他事物有所依赖。严格地说，单独的个体是不存在的。它们不过是同一个存在的多种不同名称。有时人们会强调"合一"，但这不是我们的理解。我们并不特别强调任何一点，包括合一性。合一性固然是有价值的，但多样性同样精彩。无视多样性，人们会强调唯一绝对的存在，而这是只抓住一点的偏见。在这种理解中，多样性与合一性之间有一道间隙。但合一性和多样性是一回事，所以，应该在每一个存在中品味合一性。这就是为什么我们重视日常生活甚于某些特殊的心灵状态。我们应该在每一个时刻、每一个现象里找到实相。这是非常重要的一点。

道元禅师说："虽然万物皆有佛性，我们却喜爱花朵，而不在意杂草。"这是真实的人性。但是，我们对某些美好事物的执，本身也是佛陀的活动。我们对杂草的不在意，也是佛陀的活动。我们应该理解到这一点。懂得了这点，你执着于某物便无大碍。假如它是佛陀的执，那便是不执。所以，在爱中应有恨，或曰不执，在恨中应有爱，或曰接纳。爱与恨是同一件事。我们不应独独执着于爱。我们应该接受恨。无论我们对杂草的感受是什么，我们都应该接纳它。如果你不在意它们，就不要去爱它们；如果你爱它们，那就去爱它们。

你经常会批评自己对周围环境不公，批评自己不接纳的态度。但是我们的接纳方式与一般的接纳方式相比有一个很微妙的不同，虽然它们看起来似乎完全一样。我们被教导的是，黑夜与白昼之间并无间隙，你与我之间并无间隙。这意味着合一性。但我们甚至不强调合一性。假如是一体的，那就不必去强调一体。

道元禅师说："学习就是认识自己；研修佛法就是研究我们自身。"学习并不是去掌握你以前不知道的某种知识。你在学习之前就已经知道它了。知道某事之前的"我"和知道某事之后的"我"并无间隙。蒙昧者与智者之间并无间隙。愚者就是智者；智者就是愚者。但通常我们认为，"他是个蠢人，我是个智者"，或者"我曾是个愚钝的人，但现在我是聪敏的"。如果我们是愚钝的，那怎能变成智者？而自佛陀传承的开示告诉我们，愚者与智者之间没有不同。就是这样。而我这样说人们可能认为我在强调合一性。不是这样的。我们不强调任何观点。我们想要做的只是认识事物的本然。如果我们认识了事物的本然，就不必指出其中的一点；没有办法能抓住某个东西，也没有任何东西能被抓住。我们不能强调任何一点。然而，如道元禅师所说，"花儿败了，哪怕我们喜爱它；杂草疯长，哪怕我们不喜欢它"。即便这样，这是我们的生活。

我们应该以这种方式来理解我们的生活，这样就不会有问题了。因为我们强调某种特定的观点，所以我们总是遇到问题。我们应该如其所是地接受事物的存在。这是我们如何认识万物、如何处世的方式。这种经验超越了我们的思维。在思维领域中，合一性和多样性是有区别的；但在实际经验中，多样和同一是一体的。因为你制造了一些关于同一和多样的观念，所以为其所困。你无奈地持续着无休止的思考，尽管这种思考实际上是不必要的。

感性地说，我们会遇到很多问题，但这些问题并不是实际存在的问题；它们是我们的自我中心观念或视角创造出来的问题。因为我们强调了某些事情，所以问题就出现了。但实际上,我们是无法强调任何特定事情的。幸福是遗憾,遗憾是幸福。磨难中有快乐,快乐中有磨难。虽然我们感受它们的方式不同,但其实它们并无分别;它们本质上一回事。这是佛陀传递给我们的真知。

平静

" ......

在禅弟子那里,杂草是珍宝。"

一首禅诗写道:"风停见花落,鸟鸣觉山静。"寂静之中无事发生,我们感觉不到寂静;只有某些事在其中发生的时候,我们才会发现寂静本身。日本人有一种说法,"以云见月。凭风看花"。看到被云朵、大树或草丛部分遮盖的月亮时,我们会感到月亮是那么的圆。但看着毫无遮盖的月亮时我们就不会以同样的方式感觉到它的圆润。

坐禅时,你完全沉浸在心的宁静之中,感觉不到其他任何东西。你只是坐着，但打坐带来的静会在你的日常生活中发挥积极作用。所以，你会发现禅在日常生活中的价值，而不仅仅在打坐中。但这并不意味着你可以忽视坐禅。即便你没有在坐禅时得到任何感觉，但离开坐禅这种体验，你将一无所获；你只能看到你的生活里的云朵、大树、草丛，却不会看到月亮。这就是为什么你总是在抱怨着。但是在禅弟子那里，对于大多数人来说毫无意义的杂草，恰如珍宝。抱持这种态度，无论做什么，生活都将成为艺术。

当你修禅时，你不应有任何企图心。你只要坐在你完全宁静的心中，全无依赖。只需身体直立，不要倾斜或依靠他物。保持身体直立就是不依靠任何外物。通过这种方式，你将获得身心的完全平静。但如果依靠他物，或坐禅时心有旁骛，那就是二元性的、不是完全的平静。

在日常生活中我们总是想要做些什么，改变些什么或者获得些什么。这种努力本身就是我们真实本性的特质的表达。意义在于努力本身。我们应该在实现目标之前就找到我们努力的意义。所以道元禅师说："我们应该在开悟之前就开悟。"我们不是在开悟之后才找到它的真义。努力做事本身就是开悟。当我们身陷困境险途，开悟就在其中。当处于烦乱，我们当保持镇静。通常我们难以接受生命的短暂，但正是生命短暂令我们发现了生命永恒的快乐。

在这种理解的基础上继续修行，你就能提升自己。但如果缺乏这种理解同时又想获得某些东西，你就无法保持正确的修行。你在为目标而奋斗中迷失自己；你将一无所获，同时饱受困苦磨难。但在正确理解的基础上，你可以取得一些进步。而后无论做什么，即便不完美，都将基于你最内在的本性，并一点一点地取得成就。

哪个更重要呢？开悟，还是在开悟之前开悟；赚到一百万美金，还是在努力中享受你的生命，一点一点去赚，哪怕不可能赚到一百万；成功，还是在追求成功的路上找到意义？假如不知道答案，你恐怕连修行都还不能；假如你知道了答案，你将会发现生命的真正宝藏。

是体验，不是哲学

> "尚不了解佛教真义，而去讨论佛教作为一种哲学或教法的完美，这是有些亵渎的。"

虽然这个国家对佛教有兴趣的人很多，但对其纯净形式有兴趣的却很少。大多数人的兴趣是研修佛教教法和哲学。与其他宗教比较，他们欣赏佛教在智性上更加令人满意。但佛教是否有更精深、至善、完美的哲学性，这并不是最重要的。我们的目的是保持纯净的修行方式。有时我会觉得，尚不了解佛教真义，而去讨论佛教作为一种哲学或教法的完美，这是有些亵渎的。

对于佛教而言——对我们也一样，加入团体修禅是非常重要的，因为这种修行是我们最初的生活方式。不能正本清源，我们就不能享受努力生活的结果。我们的努力应该有意义。要探索我们努力的意义，就要去探索努力的最初源头。在明了源头之前，我们不该过于关注努力的结果。如果本源不清洁纯净，我们的努力也不会纯净，那它的结果也不会令人满意。当我们回复到原初本性，并以此为基础不断努力，我们就会一刻又一刻、一天又一天、一年又一年，品尝到我们努力的成果。这就是我们该有的品味生活的方式。那些执着于努力的结果的人将没有机会品味到这些，因为结果永远不会到来。但如果你的努力时时刻刻都来源于纯净的本源，那么你所做的一切都是美好的，你将对所做的一切感到满意。

坐禅是我们回复纯净生活方式的修行，超越任何获得心，超越名利。我们只需通过修行保持我们原初本性的本来面貌。没有必要对原初本性进行思辨，因为它超越了我们的智性理解。没有必要对原初本性表示欣赏，因为它超越了我们的欣赏。所以，只管打坐，不带任何获得心，以最纯净的意愿，保持如纯净本性一般的平静——这就是我们的修行。

禅堂中没有什么花哨的东西。我们就是来到这里，坐着。相互交流之后，我们回到家中重归自己的日常活动，并把它作为纯净修行的延续——享受着真正的生活之道。但这却是很不寻常的。无论我去哪里，人们都会提问："佛教是什么？"并准备在小本子上记下我的回答。我当时的感觉你可想而知！但我们这里只是坐禅而已。这就是我们所做的全部，并且我们在这个修行中很快乐。我们无须去理解禅是什么。我们正在坐禅。所以，我们无须寻求对于禅的智性理解。

也许有人会说，禅宗不是宗教。也许吧，或者禅宗可能是宗教之前的宗教，所以它或许不是一般意义上的宗教。但是它很奇妙，即使我们对它没有智性上的研究，即使我们没有任何大教堂或华丽的装饰，但禅仍然可以让我们品味我们的原初本性。这一点，我想，很不寻常。

原初佛教

> "实际上,我们根本不是曹洞宗。我们只是佛教徒。我们甚至都不是禅宗。理解了这一点,我们才是真正的佛教徒。"

行,住,坐,卧是佛教里的四种活动或行为方式。坐禅不属于这四种行为方式,并且,根据道元禅师的说法,曹洞宗也不是佛教的诸种教派之一。中国的曹洞宗可能是佛教诸种教派之一,但道元禅师认为他自己的修行不属于这些教派。如果是这样,你可能会问,为什么我们会把重点放在打坐上,或者为什么要强调跟随师父的重要性。原因正是在于坐禅不属于四种行为方式。坐禅是包括了无数种活动的修行;坐禅甚至在佛陀之前就开始了，并将永远继续下去。所以这种坐着的姿势与其他四种活动不可相提并论。

人们通常会强调佛教中的一些特殊姿势或特定理解，然后以为，"这就是佛教"！但是我们不能把我们的道途与人们通常理解的修行进行比较。我们的教法也不能与佛教的其他教法相比较。这就是为什么我们需要一个师父，他不执着于任何特定的佛教教法。佛教最初的教法包罗万象。作为佛教徒，我们的传统修为应该像佛陀一样：不执着于任何特定的教派或教条。但通常情况是，假如我们没有师父，又对自己的理解自以为是，我们就可能丢失佛陀教法的原初特性，即兼容并蓄。

因为佛陀是这种教法的创始人，所以人们暂且称他的教法为佛教，但实际上佛教并不是某种特定的教法。佛教只是真理本身，其中包含了各种真理的真理。坐禅是包含了生活中各种活动的修行。所以，实际上我们并不是简单强调坐姿。如何坐就是如何做。我们通过坐来学习做，这是我们最基础的活动。这就是为什么我们要采取这种方法来修行。虽然我们修禅，但不应称自己为禅宗。我们只需以佛陀为榜样而修禅；那就是我们修行的原因。佛陀通过修行教导我们如何行动，那就是我们坐禅的原因。

做某件事，活在每一个当下，都意味着成为佛陀的短暂性活动。以这种方式打坐，就是成为佛陀本身，成为历史上的佛陀。同样的道理适用于我们所做的每件事。一切都是佛陀的活动。所以，无论你做什么，甚至你什么都不做，佛陀都在这个活动之中。因为人们缺乏对佛陀的这种认识，他们以为自己在做的是最重要的事情，而不知道实际上是谁在做这件事。人们以为是自己在做不同的事情，其实是佛陀在做所有的事情。我们每个人都有自己的名字，但这些名字都是同一个佛陀的不同别名。我们每个人都有很多的行动，但这些行动全都是佛陀的行动。因为不明白这一点，于是人们强调某些行动的重要性。当他们强调坐禅时，就不是真正的坐禅。他们看起来是像佛陀一样在坐禅，但是他们对我们这种修行的理解有个很大的不同。他们将这种坐姿理解为人的四种基本姿势之一，然后他们想："我现在采用这种姿势。"但是，禅包括所有姿势，每个姿势都是佛陀的姿势。这是对于禅的姿势的正确理解。假如你用这种方法修行，就是佛法。这一点非常、非常重要。

所以道元不把自己称作曹洞祖师或曹洞弟子。他说："他人也许把我们称作曹洞宗，但我们没有理由把自己称作曹洞宗。我们甚至不该使用曹洞这个叫法。"没有哪个派别可以自认是分立的门派。它们都应该是佛教的一个暂时性形式。但是因为各种学派一直不接受这种观点，一直继续以各种特定的名字称呼自己，所以我们也得接受曹洞宗这个姑且的称呼。但我想澄清这一点，实际上，我们根本不是曹洞宗，我们只是佛教徒。我们甚至都不是禅宗。理解了这一点，我们才是真正的佛教徒。

佛陀的教法无处不在。今天正在下雨。这是佛陀的教法。人们以为有些东西是他们自己的道途或他们自己对宗教的理解，其实那都是佛陀的教法，而人们犹不知自己在听什么、在做什么、身在何处。宗教不是什么特别的教法。宗教无处不在。我们应该这样理解我们的教法。我们应当忘记所有那些特定的教法；我们不应去问孰好孰坏。这里不应有任何特定的教法。教法在每一时刻，每一个存在里。这才是真正的教法。

意识之外

> 修行是在虚妄中复归纯净之心。假如你试图驱逐虚妄,它只会愈加坚持。只需说,'哦,不过是虚妄',而不要受其困扰。"

我们应该在尚无修行或开悟之处确立我们的修行。但凡是在已有修行或开悟的范围里进行,我们就没机会为自己创造完美的平和了。换句话说,我们必须坚定地相信自己的真实本性。我们的真实本性在我们的经验意识之外。而我们找寻到的修行与开悟或好与坏都只是在我们的经验意识之内。但无论是否体验到了我们的真实本性,它就在那里,在意识之外,切实存在着,而那里正是我们必须确立的修行的基础。

即便心存善念也不是就绝对好。佛陀有时说:"你应该这样,你不该那样。"但把佛陀的话记在心中并不是好事。它会成为你的某种负担,你的实际感觉可能并不好。事实上,甚至连心里有一点恶念都好过始终想着什么是善和应该怎么做。心里有一些恶作剧的念头有时很令人惬意。的确如此。实际上,好与坏并不是重点,重点是你能否使得自己平和,并保持下去。

当你的意识之中有一些东西的时候,你不可能完全从容自若。达到完全平和的最好方法是忘掉一切。这样你的心会平静下来,足够宽敞和清净,可以毫不费力地看到和感受到事物的本然。达到完美平和的最好方法是不保留任何观念,无论什么观念——忘记它们的一切,不留下任何思维的痕迹或影子。但是,如果你试图停止思想或超越意识活动,那只会成为另一种负担。"我必须在修行中停息念头,但我做不到,我的修行不够好。"这样的想法同样是错误的修行方法。不要试图停息你的念头,而是让一切顺其自然。那样它们就不会在你心中停留太久。它们来时则来,去时则去。最后你会保持一颗清净的、空的心。

于是，保持心本空性的坚定信念在修行中是非常重要的。在佛教经典中，有时我们使用大量比喻意在描述空的心。有时我们用到巨大的天文数字，大到超出了计算范围。这意味着放弃计算。如果它巨大到无法计算，你将失去计算的兴趣直到最后放弃。这种描述还可能引起对不可计量的数字的兴趣，从而有助于你停止小我的心的思想。

但当你坐禅时，你能够拥有最纯净、最真实的心的空性体验。实际上，心的空性不只是一种心的状态，而且是佛陀和六祖所体验到的心的初性。"本心""初心""本来面目""佛性""空"——这些语词都表达着我们的心的绝对平静。

你知道怎样让身体歇下来。你不知道怎样让心理活动停下来。即便你身体躺在床上，你的心依然在忙碌；即便你已睡着，你的心依然忙着做梦。你的心永远处在紧张活动中，这不是好事。我们应该学会怎样放下我们思虑着的心、忙碌着的心。为了超越我们的思考机能，我们需要对心的空性保持坚定信念。坚信我们的心是完美平静的，我们应该复归纯净的原初状态。

道元禅师说过："应在你的虚妄之上确立修行。"即使你认为自己在虚妄之中，你的纯净之心也在这里。修行就是在虚妄之中意识到纯净之心。假如你在虚妄之中有纯净的心，有本心，虚妄就会消失。当你说"这是虚妄！"虚妄就不可能留在那里。虚妄会很羞愧，它会跑掉。所以你当在虚妄之上确立修行。感到虚妄是一种修行。这是在你意识到之前获得的开悟。哪怕你还没有意识到，你已经拥有了它。所以当你说"这是虚妄"，实际上，那就是开悟本身。假如你试图驱逐虚妄，它只会愈加坚持，而你的心也会在应付虚妄中愈加忙乱。这是不好的情况。只需说，"哦，不过是虚妄"，而不要受其所困。当你只是观察虚妄时，你拥有纯净之心，宁静、平和之心。当你开始对付它时，你将被卷入虚妄。

所以，无论你是否已经开悟，只管打坐便是了。当你试图达到开悟，你的心就有了大的负担。你的心将不足够清明以看见事物的本然。如果你能真实地看见事物的本然，你将进一步看见事物的应然。从一方面说，我们应该追求开悟——那是事物的应然。但从另一方面说，只要我们还是肉身性的存在，达到开悟便是极其困难的现实——这就是当下的实际情况。但如果我们开始打坐，我们内在本性的两方面都将被激发起来，我们会看见事物的本然和应然两面。因为我们此刻尚不完美，所以我们想变得更好，但当我们获得了超验之心的时候，我们就能到达事物本然和应然之外的境界。在我们的初心的空中，它们本是合一的，达到这一点，我们就找到了完全的平静。

宗教通常都在意识领域发展自己，寻求完善自己的组织，建造漂亮的建筑，创作音乐，发展哲学，等等。这些都是意识世界的宗教活动。但是佛教强调的是非意识世界。发展佛教的最好道路是坐禅——只管打坐，保持对我们的真实本性的坚定信念。这种方法比阅读书籍或学习佛教哲学要好得多。学哲学当然也是必要的——它可以增强你的信念。佛教哲学不仅是佛教的哲学，它的普适性和逻辑性如此之强，它是生命本身的哲学。佛教教法的目标指向，是超越意识而存在于我们纯净的初心之中的生命本身。所有的佛教修行都是为了保护这个真正的教法，而不是以某种神秘奇妙的方式传播佛教。所以我们应该以最普通、最普遍的方式来讨论宗教，而不是试图以玄妙的哲学思想来宣传我们的道途。在某些方面，佛教表现出辩论性，带有一些争议的感觉，那是因为佛教徒必须保护自己的道途不受神秘或魔幻的宗教阐释影响。但哲学讨论不是理解佛教的最好方法。假如你想成为一个虔诚的佛教徒，最好的方法就是打坐。我们有一个可以这样打坐的地方真是太幸运了。我希望你们在只管打坐的坐禅中有一个坚定、宽广、不动摇的信念。只管打坐，那就够了。

佛陀的开悟

> " 如果你为自己的成就而骄傲,或因为过于理想化的努力而沮丧,你的修行将如一堵厚墙般拘囿你。"

今天是佛陀在菩提树下开悟的日子,我很高兴在今天来到这里。佛陀在菩提树下开悟时说:"能在每件事里甚至每个个体身上看到佛性,何其美妙!"他的意思是在坐禅时我们每个人都具有佛性,每个人都是佛陀本身。他说的坐禅并非仅指坐在菩提树下,或以交脚姿势而坐。的确,这种姿势是我们最基础、最原初的方式,但佛陀实际上的意思是,群山、树林、流水、鲜花和草木——一切事物本身——都是佛的道途。它意味着一切事物都在以自己的方式体现着佛的活动。

但是每个事物存在的方式并没有在它自己的意识领域里被理解。我们看到或听到的仅仅是我们实际存在的一个部分，或者叫"一个有限的观念"。但当我们只是存在——仅以自己的方式存在——我们就是在表现佛陀本身。换句话说，当我们实践诸如坐禅之类的事时，佛的道途和佛性就在其中。当我们追问何为佛性时，它就消失了；但当我们只管坐禅时，就能充分理解它。理解佛性的唯一方法就是只管坐禅，就像我们在这里这样，只是以自己的方式存在着。所以，佛陀所指的佛性是像他一样，在意识领域之外存在着。

佛性是我们的原初本性。在我们坐禅之前，在我们以意识概念认识它之前，我们就已拥有它。因此，在这个意义上，我们所做的任何事情都是佛的活动。如果你想理解它，你就理解不了它。如果你放弃理解它的努力，真正的理解就在那里了。坐禅之后我通常会有一段讲话，但人们来这里是为了坐禅而不是只为听我讲话，我们永远不要忘了这一点。我发表讲话是为了鼓励你们以佛陀的方式坐禅。因此我们说，尽管你具有佛性，但如果你在坐不坐禅的观念间犹豫，或者如果你不能承认自己是佛，那么你将既不能理解佛性又不能理解坐禅。但是，当你像佛陀一样修禅时，你将能理解我们的道途。我们不会说太多，但通过行动，我们会有意识或无意识地相互沟通。我们应始终对沟通保持警醒，无论有无言语交流，如果忽略了这一点，我们将失去佛教最重要的一点。

无论我们去向哪里，都不能丢失这种生活之道，即"我即是佛""我即是大老板"。无论你去向哪里，都应成为你的环境的主人。这就是说，你不能丢失你的道路。如果始终以这种方式存在，你就是佛陀本身，所以这就叫作佛。无须努力成佛，你就是佛。这就是我们达到开悟的方式，达到开悟就是始终与佛在一起。通过一遍又一遍地重复同样的事情，我们将能够获得这种理解。但如果你丢掉了这一点，为自己的成就而骄傲，或因为过于理想化的努力而沮丧，你的修行将如一堵厚墙般拘囿你。我们不应作茧自缚。所以，坐禅的时间到了你就起床，去跟师父一起坐下来。与他交谈并倾听，然后再回家——这全部过程都是修行。以这种方式,不带任何获得心,你始终是佛。这是真正的修禅。你或许因而理解了佛陀开悟后第一句话的真义:"于万物和众生中见佛性。"

结语

禅心

"雨停之前,我们就能听到鸟鸣。大雪苍茫,我们也能看见雪花莲和一些新的生命。"

我们在美国不能像在日本那样定义禅宗佛教徒。美国的禅弟子既不是僧人，也不完全是居士。我的理解是这样的：对于你们来说，选择不做僧人是容易的，但不做严格的居士则比较难。我认为你们是一些特殊的人，想找到既不完全是僧人的，又不完全是居士的特殊修行方式。你们走在适合自己的生活之路上。我认为这就是我们这个僧伽，我们这个团体。

但是我们也必须明了未经分化的原初之道是什么，以及道元禅师的修行方式是什么。道元禅师说过，有些人可能会开悟，有些人则可能不会。这是我很感兴趣的一点。虽然我们以同样的方式进行相同的基础性修行，但有些人可能会开悟，有些人则可能不会。这说明，哪怕我们没有开悟的体验，但只要我们保持正确的态度和理解，以正确的姿势打坐，那么，那就是禅。要点在于严格地修行，最重要的态度是理解和坚信大心。

我们说"大心"，或"小我的心"，或"佛心"，或"禅心"，你知道，这些词语各有其意，却都是我们无法或不该以经验方式去理解的意义。我们谈论开悟的体验，但它不是我们可以用好或坏、时间或空间、过去或未来而论的那种体验。它是超越了这些分别或感觉的经验和意识。所以我们不该这样发问:"开悟是什么样的体验?"这种问题说明你不知何为禅的体验。开悟是无法以通常的思维来讨论的。只有摆脱了这种思维方式,你才有可能理解何为禅的体验。

我们必须坚信的大心并不是你可以客观体验的东西。它始终与你在一起,在你身边。你的眼睛是在你一边的,因为你无法看见自己的眼睛,你的眼睛也看不见它自己。眼睛只能看见外部事物,客观事物。假如你反思自己,那个自己便不再是真实自我。你无法将自己投射为一个客观事物来思考。始终在你身边的心不仅仅是你的心,它是普遍之心,始终如一,无异于他人之心。它是禅心。它是大而又大的心。这颗心就是你所见的万物。你的真心始终与你的所见在一起。虽然你不知自己的真心,它就在那里——在你看见事物的每一时刻,它就在那里。这很有趣。你的心始终与你的所见在一起,所以你理解到,这颗心同时便是万物。

真心是观察之心。你不能说:"这个是自我,我的小我的心,或我的受限之心,而那个是大心。"这样说是在局限自己，限制自己的真心，将心客观化。菩提达摩说："你想看见鱼，就要先观察水。"实际上，当你观察水时就将看到真实的鱼。看到佛性之前，要先看自己的心。看水的时候，真实本性就在那里了。看水便是真实本性。当你说"我的禅修很差劲"时，你的真实本性就在那里了，但是愚钝的你没有意识到。你刻意忽略了它。你在观察自己的心时所使用的"我"是非常重要的。那个我不是"大我"，它是不断活动着，一直在游弋，一直展翅翱翔在辽阔天空中的我。我这里说的翅膀是指思想和活动。辽阔天空是家，"我"的家。这里没有鸟儿或空气。当鱼游泳时，水与鱼都成为鱼。这里别无他物，只有鱼。你理解吗？你不可能通过解剖来找到佛性。思考或感受之心是不可能捕捉到实相的。每时每刻观察你的呼吸、观察你的坐姿就是真实本性，除此之外，别无奥秘。

我们佛教徒不抱持任何唯物、唯心的观念，或将存在视为心的产物，将心视为存在的属性。我们一直谈论的是心与身、心与物是永远合一的。但如果你听得不够仔细，就感觉我们似乎在讨论某种存在的属性，"物质的"或"精神的"。那可能也是一种解释。但实际上我们所指的是始终在这边的心，是真心。开悟体验就是要领悟、理解或认识这个始终在我们身边却无法看见的心。你明白了吗？如果你试图像目睹天空的一颗明亮星星一样实现开悟，星星很美丽，你可能会想，"啊，这就是开悟"，但那不是开悟。这样的理解实际上是外道。即使你自己并未意识到，但在这种理解中，你是抱持了唯物的观念。你的很多开悟体验就是这样的——你似乎通过好的修行找到了那颗明亮的星星，但其部分是唯物的，部分是你心中的客体。那是自我和客体的二分观念。这不是找寻开悟的道途。

禅宗的基础是我们的真实本性，是我们在修行中表达和认识到的真心。禅宗不依赖特殊的教法，也不以教法取代修行。我们坐禅是为了表达我们的真实本性，而不是为了达到开悟。菩提达摩的佛教本身就是修禅，就是开悟。它起初可能是一种信仰，但后来就成为弟子们可以感受或已然拥有的。身体修习和清规并不容易被理解，对美国人来说或许尤其如此。你们有一种特别关注身体和活动自由的自由观念。这种观念可能会带来一些精神的痛苦并失去自由。你认为你需要限制你的思维，你的一些思维是不必要的、令人痛苦或受缠缚的，但你并不认为你需要限制你的身体的活动。出于这种原因，百丈禅师在中国确立了禅道的仪轨和生活方式。他的兴趣在于表达和传承真心的自由。禅心的传承借由生活禅道，而生活禅道基于百丈禅师的仪轨。

我以为，作为美国的一个禅修团体和禅门弟子，我们自然也需要明确一些生活之道，就像百丈在中国确立了僧伽生活方式，我们也必须确立美国的生活禅道。我这不是在开玩笑，是很认真的。但我不想太过严苛。如果过分严苛，我们可能会迷失我们的道途。如果只是儿戏，我们也会迷失我们的道途。我们需要凭借一点一滴的耐心和恒心，为自己找到道路，找到与自己和与他人的相处之道。我们将以此找到适合自己的戒律。如果我们努力修习，专注于坐禅，并组织好我们的生活，我们就会坐得更好，并能明了自己当下在做什么。但你在建立仪轨和方法时必须仔细、谨慎。如果太过严苛，你可能失败，如果太过宽松，规则就不起作用。我们的仪轨应该足够严格，具有权威性，是每个人都应该遵守的权威。规则的要求应该是弟子可以做到的。这也是禅宗传统建立起来的过程，它是我们在修行中逐步创建起来的。我们不能就任何事情进行强制，但一旦规则被确定，我们就必须完全遵守，直到规则改变。这不是好与坏、便利与否的问题。你只需毫不迟疑地去做。这样做，你的心是自由的。重要的是毫无例外地遵守规则。这样做，你将体会到纯净的禅心。拥有我们自己的生活道路意味着鼓励人们以更具精神性和更适合的方式度过人生。

研修纯净之心的唯一道途是修行。我们最内在的本性希望通过一些媒介、方式来表达和认识自身。我们则以建立仪轨来回应这种最内在的需要，一代又一代的禅师向我们展示了这种真心。通过这种方式，我们将对修行有更加准确和深入的理解。我们必须对修行有更多体验，至少，我们必须有一些开悟的体验。你必须对始终伴随你的大心有坚定信念。你应该能够将万事万物当作大心的展现来品味。这不仅仅是信仰，这是你无法回避的终极真理。无论修行困难与否，理解困难与否，你都只能去做。是僧侣还是居士这不重要，重要的是找到那个正在做某事的你——通过修行复归你的真实存在，复归始终与万物、与佛陀同在的你，为万物所滋养。就在此刻！也许你会说这是不可能的。但它是可能的！你能做到的，哪怕只是一瞬间！此刻就是可能的！就是此刻！而你能在此刻做到意味着你能在任何时刻做到。所以，如果你有这种信心，你就有了开悟的体验。如果你对自己的大心有强烈的信心，即使还没有开悟体验，你也已经是真正意义上的佛教徒了。

这就是为什么道元禅师会说："不要指望所有修禅的人都能悟到这颗始终伴随我们的大心。"他的意思是，如果你以为大心在我们之外、修行之外的某处，那你就错了。大心始终与我们相随。这就是为什么当我认为你们尚不理解时，会一遍又一遍地重复这个道理。禅并非仅为那些可以叠腿盘坐或具有巨大灵性能力的人准备的。人人皆有佛性。我们每个人都应该找到体现我们的真实本性的道途。修行的目标就是获得对人人皆具的佛性的直接体验。你所做的一切应该是直接体验佛性。佛性意味着对佛性的觉知。你的努力还应进一步延伸到拯救有情众生。如果我说的话还不够有力，我就打醒你！

你就会明白我的意思。如果你现在还不能明白，总有一天你会的。我听说有座小岛正从洛杉矶的海岸缓慢漂往西雅图，我将等着它。

你们得到了极大的物质自由，开始修禅，带着非常纯净的心，禅者的初心。你们有可能真切地理解佛陀的本义。但我们不能执着于佛教甚至修行本身。我们必须保有初学者的心，放下一切执着，有一颗明了万物俱在流转变换的心。一切都是以其当下的形色短暂地存在。一物流变而为另一物，无从抓住任何一物。雨停之前，我们就能听到鸟鸣；大雪苍茫，我们也能看见雪花莲和一些新的生命。在东方，我已经看到大黄。在日本，春天里我们吃得到黄瓜。

（正文完）

铃木俊隆

1904—1971

铃木俊隆是 20 世纪最有影响力的精神导师之一,也是公认的美国禅宗之父。他是一位日本曹洞宗禅师,自 1959 年始在美国传禅,直至去世。他创立了旧金山禅中心和塔萨加拉禅山中心。他也是《幽暗中的分流:关于参同契的禅谈》的作者、传记《弯曲的黄瓜》的主人公。

禅者的初心

作者 _ [日] 铃木俊隆　　译者 _ 黄菡

产品经理 _ 赵鹏　　装帧设计 _ 孙莹　　产品总监 _ 陈亮
技术编辑 _ 丁占旭　　责任印制 _ 杨景依　　出品人 _ 曹俊然

果麦
www.guomai.cn

以 微 小 的 力 量 推 动 文 明

图书在版编目（CIP）数据

禅者的初心／（日）铃木俊隆著；黄菡译. -- 西安：
太白文艺出版社，2024.8. -- ISBN 978-7-5513-2708-4

Ⅰ．B946.5-49

中国国家版本馆CIP数据核字第2024AA7093号

禅者的初心
CHANZHE DE CHUXIN

作　　者	［日］铃木俊隆
译　　者	黄　菡
责任编辑	强紫芳　黄　洁
装帧设计	达克兰
出版发行	太白文艺出版社
经　　销	新华书店
印　　刷	天津丰富彩艺印刷有限公司
开　　本	787mm×1092mm　1/32
字　　数	87千字
印　　张	6.25
版　　次	2024年8月第1版
印　　次	2024年8月第1次印刷
印　　数	1-6,000
书　　号	ISBN 978-7-5513-2708-4
定　　价	49.80元

版权所有　翻印必究
如有印装质量问题，可寄出版社印制部调换
联系电话：029-81206800
出版社地址：西安市曲江新区登高路1388号（邮编：710061）
营销中心电话：029-87277748　029-87217872